2.5$
Rasputin
The Dead Mother
and the Child
Tesla
real estate market
THIS IS JUST
E BEGINNING
CITY
MONDAY
125890 / 11
NEWSPAPER
Jack the Ripper
ve real estate in large cities and the capital
PARTNERS
Gloomy Sunday
DOPPELGÄNGE
DRACULA

2,5$
Tesla
real estate market
THIS IS JUST
E BEGINNING
CITY
The Dead Mother
and the Child
Jack the Ripper
ve real estate in large cities and the capital
MONDAY
125890 / 11
21
WSPAPER
PARTNERS:
Gloomy Sunday
DOPPELGÄNG

읽을수록 빠져드는

도시기담 세계사

출판은 사람과 나무 사이에서 이루어지는 가치 있는 일입니다.
도서출판 사람과나무사이는 의미 있고 울림 있는 책으로 독자의 삶을
좀 더 풍요롭게 만들기 위해 최선을 다하겠습니다.

읽을수록 빠져드는
도시기담 세계사

都市奇談

가타노 마사루 · 스가이 노리코 지음
서수지 옮김

사람과 나무사이

읽을수록 빠져드는

도시기담 세계사

1판 1쇄 발행 2024년 8월 8일
1판 3쇄 발행 2024년 11월 25일

지은이 가타노 마사루 · 스가이 노리코
옮긴이 서수지
펴낸이 이재두
펴낸곳 사람과나무사이
등록번호 제2024-000012호
주소 경기도 파주시 회동길 508(문발동), 스크린 405호
전화 (031)815-7176 팩스 (031) 601-6181
이메일 saram_namu@naver.com
영업 용상철
디자인 박대성
인쇄 · 제작 도담프린팅
종이 아이피피(IPP)

ISBN 979-11-94096-00-9 03900

잘못된 책은 구입하신 곳에서 바꾸어 드립니다.

우울한 일요일
어둠만이 나와 함께하네.
내 마음과 나는 이제
모든 것을 끝내리라 마음먹었네.

—〈글루미 선데이〉

저자 서문

30년간 유럽 33개국을 발품 팔아 취재하며 건져 올린 13편의 살아 있는 도시 기담

역사와 전승이 살아 숨 쉬는 유럽은 도시 기담의 보물창고와도 같다. 국경을 넘어 널리 구전된 오래된 전승이 있는가 하면, 20세기 이후 만들어진 비교적 새로운 도시기담도 있다. 그중에서 신뢰할 수 있는 문헌과 근거가 있으면서 읽는 재미도 쏠쏠한 이야기 13편을 선정해 이 책에 담았다.

기담은 아이들이나 읽는 이야기라는 선입견이 있다. 그러나 역사와 문화, 종교에서 국제 정세까지 아우르는 유럽의 도시기담은 지식과 교양을 갖춘 성인에게도 충분히 재미있다.

필자들은 1991년부터 오스트리아, 헝가리, 세르비아에서 생활하며 약 30년에 걸쳐 유럽 33개국을 취재했다. 그리고 많은 나라와 지역을 방문하면서 그곳 특유의 풍습과 유명한 기담을 접했다. 우리가 접한 이야기들을 정리해서 책으로 내고 싶다는 바람을 쇼덴샤(祥伝社) 신서 편집부에 전달한 뒤 다시금 조사에 착수했다. 출간 준비를 하며 자료를 섭렵하다가 새로운 사실을 발견하고는 현지를 직접 방문해 미발표 이야기를 발굴하는 성과도 거두었다.

예를 들어, 제7화 「650명의 처녀를 산 제물로 바친 광기의 백작 부인」에서는 바토리 에르제베트 백작 부인이 살인귀가 아니었을 가능성이 부상했다. 또 제9화 「루트비히 2세의 죽음을 둘러싼 기묘한 미스터리」를 조사하는 과정에서 우리는 유럽 근대 정치와의 연관성을 밝혀냈다. 제10화 「괴승 라스푸틴의 암살을 둘러싼 풀리지 않는 수수께끼」에서는 러시아 황실에 교묘하게 접근해 정치에 개입했다는 라스푸틴의 기존 이미지를 뒤집는 새로운 관점을 찾아냈다.

제12화 「현대에 재탄생한 흡혈귀, 드라큘라」에서 다루는 영화와 각종 대중매체를 통해 우리에게도 익숙한 흡혈귀는 기담 소설의 걸작인 브램 스토커의 『드라큘라』가 널리 알려지면서 루마니아를 기원으로 알고 있는 사람이 많은데, 사실은 세르비아가 발상지였다. 흡혈귀의 발상지가 세르비아라는 증거를 뒷받침하는, 세계에서 가장 오래된 문헌(1725년 오스트리아 신문)도 발굴했다. 이 문헌이 사실로 밝혀진다면 기존의 흡혈귀 역사를 재검토해야 할 수도 있다.

제3화 「실제로 존재했던 저주받은 인형 '애나벨'」과 제4화

「1,500건의 괴이한 현상을 낳은 엔필드 사건」 등에서는 이 이야기들을 다룬 영화와 비교해보면 더 재미있을 것이다.

이 책은 '저주', '괴이한 현상', '사건', '역사의 어둠', '전승'이라는 다섯 가지 카테고리로 분류해 13편의 이야기를 소개한다. 이야기마다 기승전결이 있어 마음 내키는 대로 책장을 넘기며 읽을 수 있다.

'케이 스카페타' 시리즈로 유명한 추리 작가 퍼트리샤 콘웰이 수수께끼 풀이에 도전했다는 제8화 「'극장형 범죄'의 효시가 된 희대의 잭 더 리퍼 연쇄 살인 사건」을 읽으며 독자 여러분도 수수께끼 풀이를 함께 즐길 수 있다면 필자들에게는 더할 나위 없는 기쁨이 될 것이다. 때로 등줄기가 서늘해지고 오싹하게 소름이 돋을 수도 있겠지만, 아무쪼록 이 책을 마음껏 즐겨주시기 바란다.

가타노 마사루

스가이 노리코

차례

· part 3 사건 incident

· part 4 역사의 어둠 darkness of history

part 1

저주

curse

①

자살을 유발하는 무서운 노래 〈글루미 선데이〉

수많은 사람을 죽음으로 몰고 간 공포스러운 노래 〈글루미 선데이〉

가만히 듣고 있기만 해도 죽고 싶어진다……. 헝가리에서 157명, 전 세계적으로 수백 명이 자살 혹은 원인 불명의 죽음을 맞이했다고 알려지면서 '자살 노래'라는 오싹한 별명을 얻은 무서운 노래 〈글루미 선데이(Gloomy Sunday)〉. 이 노래는 1933년 헝가리의 수도 부다페스트 도하니 거리에 있는 쿨러치(Kulacs)라는 술집에서 탄생했다. 이 노래를 작곡한 사람은 이 가게에서 피아노를 치며 노래를 부르던 30대 중반의 남자 셰레시 레죄(Seress Rezsö)다. 헝가리에서는 한국 등의 동북아시아 국가처럼 성이 앞에 오고 이름이 뒤에 온다. 따라서 셰레시가 성이고 레죄가 이름이다. 그러나 서구권에서는 레죄 셰레시로 더 많이 알려져 있다.

레죄는 정식으로 음악을 배운 적이 없어 멜로디를 만들기는 하지만 악보를 그릴 줄 몰랐다. 그래서 음악 아카데미를 졸업한 어라니 코르넬(Arányi Kornél)이라는 젊은 대필 작곡가에게 의뢰해 C 마이너의 3단 악보로 완성했다.

전하는 이야기에 따르면, 셰레시 레죄는 애인이 쓴 가사에 곡을 붙여 유명 출판사에 투고했는데, 분위기가 너무 어둡다는 이유로 반송되었다. 그래서 라슬로 야보르(László Jávor)의 시집 『슬픈 일요일(Szomorú vasárnap)』(영어로는 Sad Sunday)에 실린 한 시를 따와 집시 음악을 전문으로 하는 출판사에 보냈는데, 이번에도 이렇다 할 반응이 없었다.

이 곡은 1935년에 인기 가수 팔 컬마르(Pál Kalmár)가 녹음하면서 대중의 관심을 받기 시작했다. 〈슬픈 일요일〉이라는 제목으로 라디오에 소개되었는데, 독특한 선율과 저음의 나른한 음색으로 선풍적인 인기를 끌었다.

그런데 공교롭게도 작곡가인 셰레시 레죄와 작사가인 라슬로 야보르에게 잇달아 흉보가 날아들었다. 두 사람이 손꼽아 기다리던 〈글루미 선데이〉의 방송이 갑작스럽게 중지된 것이다. 그 방송을 기획한 라디오 방송국 디렉터가 돌연사했기 때문이다. 게다가 어떤 소녀가 음독자살한 현장에 〈글루미 선데이〉 악보가 놓여 있었다는 사실이 알려졌다. 그로부터 일주일 후 재무부 관

30대 중반의 셰레시 레죄

헝가리의 수도 부다페스트 한복판을 흐르는 도나우강과 현수교.
세체니 다리가 보이는 야경이 특히 환상적이다.

리였던 라슬로 머로시가 택시 안에서 권총 자살을 시도했는데, 유서 대신 피로 얼룩진 〈글루미 선데이〉 악보가 남겨져 있었다는 소문이 돌았다.

불행한 사건이 연거푸 일어나자 같은 해 11월 7일 신문에는 〈살인곡(Murderous Song)〉이라는 심란한 제목의 기사가 실렸다. 그 이듬해인 1936년 2월, 요제프 켈러라는 이름의 제화공이 갑자기 사망했는데, 출동한 경찰관은 현장에서 기묘한 종이쪽지를 발견했다.

> ……우울한 일요일
> 어둠만이 나와 함께하네.
> 내 마음과 나는 이제 모든 것을 끝내리라 마음먹었네…….

쪽지에는 〈글루미 선데이〉 가사가 적혀 있었다. 경찰관은 연쇄 자살 사건에 혀를 끌끌 찼다. 비슷한 사건이 부다페스트 시내에서만 벌써 17건이나 발생했기 때문이다.

또 한 바에서 술을 마시던 초로의 신사가 테이블을 순회하며 신청곡을 연주해주는 집시 악단에 〈글루미 선데이〉를 신청하고는 곡을 연주하는 도중에 자리에서 일어나 가게 밖으로 나갔다. 그리고 뒤이어 총성이 음악 소리를 갈랐다. 소스라치게 놀란 손님들이 헐레벌떡 뛰어나와서 보니 자기 머리에 권총을 겨누고 방아쇠를 당긴 신사가 땅바닥에 나뒹굴고 있었다.

다음 사건도 바에서 발생했다. 이번에도 집시 악단이 이 곡을 연주하기 시작하자 문짝이 떨어져 나갈 정도로 요란한 소음과 함께 문이 열리며 두 남자가 튕겨 들어왔다. 다음 순간 바에 총성이 울려 퍼졌고, 두 남자는 피를 흘리며 쓰러졌다. 두 남자가 동시에 자살했던 것이다.

피해자는 성인 남성에 국한되지 않았다. 어느 날 부다페스트 중심을 흐르는 도나우강에 열네 살 소녀의 시신이 떠올랐다. 납빛으로 하얗게 질려 뻣뻣하게 굳은 팔에 〈글루미 선데이〉 레코드가 고이 안겨 있었다. 세상을 떠들썩하게 만든 도나우강 투신자살 사건이었다.

수많은 사람에게 불행을 가져온 이 곡은 작곡가 셰레시 레죄의 신변에도 불행을 몰고 왔다. 〈글루미 선데이〉가 히트하자 세간의 집중 조명을 받은 그는 영감을 주어 이 곡을 세상에 내놓게 만든 연인에게 연락했다. 불우한 무명 작곡가 시절과 달리 유명 작곡가가 되었으니 옛 연인과 행복한 미래를 꿈꾸었을지도 모른다. 운이 좋으면 끊어졌던 인연을 다시 이어갈 수 있을지 모른다는 기대도 작용했으리라.

그런데 다음 날 그녀는 음독자살로 갑자기 생을 마감했다. 소름 끼치게도, 그녀가 남긴 유서에 "글루미…… 선데이"라는 글귀가 적혀 있었다.

“제 장례식 때 〈글루미 선데이〉를 틀어주세요”

〈글루미 선데이〉와 수많은 자살의 인연은 어디서 시작되었을까? 프랑스의 라디오 방송국에서 심리학자에게 의뢰해 이 곡과 자살의 인과관계를 조사했으나 입증할 수 없었다. 결국 헝가리 당국은 이 곡의 라디오 송출을 금지했다.

그 무렵 세계 각국에서 〈글루미 선데이〉 리메이크 열풍이 불었다. 미국에서는 1936년 〈글루미 선데이〉라는 제목으로 재즈 색소폰 연주자인 할 켐프가 커버 곡을 발표했다. 그 후 루이 암스트롱, 빙 크로스비, 프랭크 시나트라, 폴 롭슨, 레이 찰스 등 거물 예술가가 이 곡을 노래했다.

프랑스에서는 샹송 가수인 다미아가 〈우울한 일요일(Sombre Dimanche)〉이라는 프랑스어 번안곡을 감성적인 목소리로 불러 사랑에 빠진 사람들의 눈물샘을 자극했다.

독일에서는 〈고독한 일요일(Einsamer Sonntage)〉이라는 제목으로 발표되었다. 또 1999년에 헝가리와 공동 제작한 영화가 독일에서 〈사랑과 죽음의 노래(Ein Lied von Liebe und Tod)〉라는 시적인 제목으로 개봉되었다.

이 노래는 최종적으로 28개 언어, 100개국 이상에서 번역되었고, 커버 곡이 발표되었다. 그러나 노래가 소개되는 나라마다 이를 따라다니는 비극도 함께 보고되었다.

미국 뉴욕에서는 한 여성이 "제 장례식 때 〈글루미 선데이〉를 틀어주세요"라는 유서를 남긴 채 가스를 틀어놓고 스스로 목숨을 끊었다. 또 독일 베를린에서는 젊은 여성이 목을 매달아 자살한 현장에 〈글루미 선데이〉 레코드가 덩그러니 놓여 있었다.

이탈리아 로마에서는 자전거를 탄 소년이 강으로 추락해 익사하는 사고가 발생했다. 탐문 결과 사고 직전에 지나가는 소년을 목격했다는 부랑자를 찾아냈다. 수사관이 그 부랑자에게 사건 당시 정황을 물었다.

"저는 아무 짓도 안 했어요. 그저 걸어가면서 〈글루미 선데이〉를 흥얼거렸을 뿐이에요."

부랑자는 노래를 부른 죄밖에 없다며 억울함을 호소했다.

이윽고 〈글루미 선데이〉는 유럽에서 '자살 성가', 세계적으로 '자살 노래(suicidal song)'라는 별명으로 유명해졌다.

〈글루미 선데이〉가 BBC 방송 프로그램과 깊은 관련이 있다고?

수많은 사람을 자살로 몰아간 이 노래의 가사는 과연 어떤 내용일까? 원곡(헝가리어) 가사는 주인공인 '내'가 일요일에 교회에서 기도하며 오지 않는 연인을 기다리는 내용으로 시작된다. 하얀 장미 다발에 둘러싸여 "내 목을 축이는 건 눈물뿐"이라며 불길한 저음으로 읊조린다. 이어서 '나'는 이미 자살했고, 시신은 눈을 감지 못했다는 가사가 이어진다. 숨이 끊어진 나를 보러 온 연인에게 "내 눈을 무서워하지 마"라고 말을 건넨다.

번안곡 가사는 여러 종류가 있는데, 번역자에 따라 조금씩 차이가 난다. 헝가리어 가사를 한번 읽어보자.

슬픈 일요일
그리운 이여, 하얀 장미 백 송이를 들고
교회에서 기도하며 당신을 기다리네
일요일 아침 꿈을 따라
슬픔의 마차는 당신을 태우지 않고 돌아왔네
그 순간부터 일요일은 언제나 슬프다네
내 목을 축이는 건 눈물뿐 슬픔이 나의 빵
슬픈 일요일

그리운 이여, 마지막 일요일에 나에게 와주오
신부님 관 장례식장 상복도 있다네
꽃도 있지 꽃과…… 관이
나는 마지막으로 꽃 피는 나무들 아래를 여행하지

내 눈은 당신을 한 번 더 보기 위해 감기지 않았네
내 눈을 무서워하지 마
나는 죽어서도 당신을 축복하고 있다오
마지막 일요일

듣고 있으면 기분이 썩 유쾌하지는 않지만 인간을 죽음으로 향하게 하는 마력이 숨어 있는 저주받은 곡이라는 생각이 들지는 않는다.

이 곡에 얽힌 수수께끼는 여전히 풀리지 않았다. 어쩌면 영국 국영방송 BBC가 방영한 프로그램에 실마리가 있을지도 모른다.

〈글루미 선데이〉와 자살의 상관관계는 '주파수'가 열쇠를 쥐고 있다?

1930년대 영국에서는 〈글루미 선데이〉 가사가 자살을 유발한다는 이야기가 떠돌았다. 그래서 BBC 라디오에서는 가사 없이 오직 악기 연주로만 전파를 탈 수 있었다. 이 정도로 예방 조치를 했는데도 방송 직후 자살자가 나왔다. 그 후 BBC에서는 악기 연주를 포함해 곡 전체를 방송 금지 처분했다. 가사뿐 아니라 멜로디에도 자살을 유발하는 힘이 있다고 우려했기 때문이다.

그렇다면 음악이 어떻게 인간의 마음에 작용하는지 살펴보자. 일반적으로 노래는 멜로디, 템포, 음의 강약, 악기의 종류, 가사 내용 등의 요소가 어우러지며 기운을 북돋워주기도 하고 감상적인 기분에 젖어들게 하기도 한다.

주로 특정 음에 내림표(flat)를 붙이는 곡조는 울적하고 차분한 선율을 자아낸다. 일반적으로 반음 내리는 내림표가 붙어 있는 곡은 슬픈 울림이 있는데, 〈글루미 선데이〉는 '미', '라', '시'에 내림표가 붙어 있다. 또 3박자 왈츠는 우아하고, 2박자 행진곡은 용기와 힘을 불어넣는데, 〈글루미 선데이〉에 사용된 셋잇단음표는 사람의 마음을 불안하게 만든다.

최근 솔페지오(Solfeggio) 주파수라는 음계에는 병을 자연 치유하는 힘이 있다는 가설이 제기되었다. 주파수란 공기가 1초 동안 진동하는 횟수를 나타내는데, 주파수 단위인 헤르츠(Hz) 수치가 크면 높은음이 되고 작으면 낮은음이 된다. 그리고 솔페지오 주파수의 9개 주파수는 인간의 몸과 마음에 특별한 효과를 발휘할 수 있다. 예를 들어, '해방의 주파수'로 알려진 396Hz는 죄의식, 트라우마, 공포, 불안에서 해방되는 효과를 기대할 수 있고, '기적의 주파수'라는 별명이 붙은 528Hz는 과도한 스트레스에 노출되어 손상된 DNA를 수복하는 힘이 있다고 한다. 참고로, 비틀스의 존 레넌이 작곡한 〈투모로 네버 노스(Tomorrow Never Knows)〉는 528Hz라서 자연 치유력을 기대할 수 있다. 이와 반대로 부정적으로 작용하는 주파수도 있기에 〈글루미 선데이〉와 자살의 상관관계는 주파수가 열쇠를 쥐고 있다고 추정할 수 있다.

불행을 몰고 오는 노래 〈글루미 선데이〉를 탄생시킨 장본인은 '암울한 시대'였다

〈글루미 선데이〉는 1930년대에 인기를 끌었다. 1929년에 시작된 세계 대공황에서 1939년에 시작된 제2차 세계대전까지 기간과 정확히 겹친다. 어쩌면 답답하고 불온한 세상이 사람들을 자살로 몰아넣었을 수도 있다.

헝가리는 9세기 말 아시아에서 유럽으로 이주한 마자르족이 건국한 헝가리 왕국을 기원으로 한다. 16세기에는 남부를 오스만 제국이, 북부를 오스트리아 대공국이 지배했고, 18세기에는 거의 오스트리아령으로 흡수되었다. 1867년에 가까스로 자치권을 인정받아 오스트리아·헝가리 제국이 되었으나, 이것이 오히려 화를 불러왔다.

제1차 세계대전에서 헝가리는 오스트리아와 함께 패전국이 되어 슬로바키아 등의 영토 3분의 2를 잃고, 63개였던 주가 25개로 축소되었다. 게다가 헝가리어를 모국어로 사용하는 300만 명이 주변국에 그대로 남겨져 약 350만 명의 난민이 발생했다.

재정난에 시달리던 헝가리는 1924년 국제연맹에 차관을 신청했다. 차관을 받는 조건으로 긴축 재정 정책을 받아들여 3만 5,000명이 일자리를 잃었다. 엎친 데 덮친 격으로 1929년에 미국 월스트리트에서 주식 대폭락 사태가 발생해 대공황으로 발전하자 주요 산업인 농산물의 물가가 큰 폭으로 하락했다.

1932년 헝가리의 공업 생산량은 1929년과 비교해 24퍼센트나 감소했다. 20만 명이 실업자가 되었고, 가까스로 실업 위기를 모면한 사람들도 노동 시간 단축과 일시 휴가를 강요받았다. 금융기관도 타격을 받았다. 예금자들이 은행으로 몰려가 예금 대량 인출 사태가 발생해 순식간에 예금 인출이 불가능해졌다. 그러자 정부는 어쩔 수 없이 은행을 폐쇄했다.

이처럼 〈글루미 선데이〉가 인기를 끌던 당시 헝가리에서는 물가가 폭등하고 거리에는 실업자와 난민이 넘쳐났다. 앞날이 암담한 사람들은 불안에 휩싸였다. 한편 일자리를 잃어 시간이 남아돌게 된 사람들이 찰나적 사랑에 빠지는 풍조가 만연했다. 이 노래를 만든 두 사람도 예외가 아니었다.

당시 스물여섯 살이던 작사가 라슬로 야보르는 잡지 《아침 8시 뉴스(Eight-o'clock Morning News)》의 취재 기자로 일하고 있었는데, 유부녀와 사랑에 빠졌다는 이별 이야기가 나오자 죽기로 마음먹었다. 헤어진 연인을 그리워하며 작곡에 몰두하던 셰레시 레죄는 이듬해 불륜 상대였던 전직 장교의 아내와 결혼했다.

〈글루미 선데이〉는 희망이 없는 시대를 살던 작사가와 작곡가 두 사람이 안고 있던 사랑의 고통 속에서 탄생한 노래였다.

나치스의 강제수용소에서 죽을 위기에 빠진 셰레시 레죄를 기적적으로 구해준 〈글루미 선데이〉

셰레시 레죄가 바에서 〈글루미 선데이〉를 연주하던 1933년에 아돌프 히틀러가 독일 총통으로 취임했다. 본명이 루돌프 스피처(Rudolf Spitzer, 애칭 '루디')인 레죄는 부다페스트의 유대인 지구에서 태어나고 자랐다. 지금도 도나우강 서안에서 엘리자베스 다리를 건너 왼쪽으로 돌면 두 개의 탑이 솟아 있는 시나고그(유대교 회당)가 보이는데, 그 당시에는 세계에서 두 번째 규모를 자랑하는 유대인 지구였다. 따라서 시나고그 주변은 유대인 거리였다.

가난하게 살던 셰레시 레죄는 서커스단에 드나들며 날품팔이를 하다가 단원이 되지 않겠느냐는 제의를 받았다. 그는 공중그네와 공 굴리기 묘기 등 화려한 묘기를 선보이는 곡예사를 동경했는데, 입단 시험을 보던 중 밧줄에서 떨어져 병원에 실려갔다. 입원한 병원에서 배우와 알게 된 그는 퇴원 후 서커스 단장이던 브루노가 경영하는 술집에서 배우로 일했다.

셰레시 레죄는 무대 뒤 낡은 피아노를 어깨너머로 배워 연주했다. 그러던 어느 날 혼자서 피아노를 치고 있는데 브루노 단장이 지나갔다.

"자네, 피아노 연주 솜씨가 제법인데! 무대에서 공연을 해도 되겠어!"

단장에게 발탁된 그는 자작곡을 연주하며 시를 낭독하는 퍼포먼스를 선보였다.

피아노 연주자로 차츰 명성을 쌓아가던 셰레시 레죄는 마침내 〈원 모어 나이트(One More Night)〉라는 곡으로 대박을 터트렸다. 겨울에 코트 살 돈이 없을 정도로 가난했던 그는 마침내 음악으로 먹고사는 음악인으로 출세했다.

1923년 이후 10년 동안은 그의 인생에서 가장 충실한 시기였다. 약 40곡의 자작시와 〈글루미 선데이〉를 포함해 60곡을 작곡했다. 키가 작아서 '꼬맹이 셰레시'라는 별명으로 불리던 그는 '작지만 위대한 작곡가'라는 새로운 별명을 얻었다. 그는 작사가이자 작곡가로 일하며, 해가 지면 유대인 거리의 술집에서 피아노를 쳤다. 그가 공연하는 날에는 단골 외에도 많은 여성 고객이 몰려와 흐느껴 우는 소리가 가게 안을 가득 메웠다.

1939년에 제2차 세계대전이 시작되자 헝가리는 나치 독일과 함께 추축국 측에 가담해 참전했다. 헝가리 국내에서 유대인 탄압이 기승을 부려 많은 유대인이 강제수용소로 보내졌다.

셰레시의 어머니도 '두 번 다시 돌아올 수 없는 천국으로 가는 길'이라는 이름으로 알려진 가로수길을 지나 우크라이나의 강제수용소로 보내져, 그곳에서 사망했다. 한편 셰레시는 기적적으로 살아남았다. 〈글루미 선데이〉의 작곡가라는 사실을 알게 된 나치 군인이 강제수용소에서 그를 빼내준 덕분이었다. 수많은 목숨을 앗아간 '자살 성가'가 역설적으로 그의 목숨을 구해준 셈이다.

"이 곡이 팔리면 팔릴수록 불행해진다"

제2차 세계대전의 전운이 채 가시지 않은 1949년, 전쟁 중에 폭파된 부다페스트 시내 도나우강의 현수교가 재건되었다. 다리 개통 100주년을 축하하는 기념식에서는 정부의 의뢰로 셰레시가 작곡한 곡이 대중에게 첫선을 보였다. 〈글루미 선데이〉는 여전히 방송 금지 상태였으나, 그는 바야흐로 한 나라를 대표하는 작곡가로 거듭났다.

전쟁에 패한 헝가리는 소비에트 연방의 동구권 진영에 편입되어 공산주의 국가가 되었다. 그러나 1956년에 자유를 갈구하는 민중 운동이 일어났다. 이것이 '1956년 헝가리 혁명'이다. 그러나 소련의 압도적인 무력 앞에 민중은 너무나 무력해 혁명이 실패로 끝났다. 이때 20만 명이 국외로 망명했다.

당시 셰레시 레죄가 〈글루미 선데이〉로 벌어들인 막대한 저작권료가 미국 은행 계좌에 동결되어 있었다. 공산주의 국가 헝가리로는 개인 송금이 불가능했기 때문이다. 미국에서도 이름이 알려져 있던 그는 미국으로 이주하면 억만장자가 될 수 있었으나 여전히 헝가리에 머물렀다.

1950년대부터 1960년대에 걸쳐 엘비스 프레슬리, 비틀스, 롤링스톤 등 로큰롤이 유행하자 셰레시 레죄는 새로운 시대에 적응하지 못하고 우울한 만년을 보냈다.

1968년 1월 11일, 셰레시 레죄는 자택인 아파트 창문을 통해 투신자살을 시도했으나 실패해 병원으로 이송되었다. 그리고 병원에서 스스로 철사로 목을 졸라 자살했다. 그해 그의 나이 향년 예순여덟 살이었다.

그는 생전에 〈글루미 선데이〉에 관해 다음과 같이 말했다.

"이 곡이 팔리면 팔릴수록 불행해진다. 다시는 이런 곡을 쓸 수 없기 때문이다."

지금도 〈글루미 선데이〉 라이브 연주를 들을 수 있는 레스토랑이 부다페스트에 있다는데?

나는 10여 년 전 셰레시 레죄가 피아노를 쳤다는 키슈피파

(Kispipa, 영어로는 'Little Pipe')라는 레스토랑을 방문한 적이 있다. 현지에서는 누구나 아는 유명한 레스토랑이다.

가게에 들어서자 하얀 테이블보 위에 나이프와 포크가 정갈하게 놓여 있고, 청결하고 아담한 분위기였다. 고기와 채소를 양배추에 돌돌 말아서 익힌 톨토트 카포스타(Toltott Kaposzta) 닭고기에 파프리카 가루를 넣고 푹 익힌 치킨 파프리카시(Chicken paprikash, 헝가리에서는 paprikás csirke 또는 csirkepaprikás라고 부른다) 요리가 추천 메뉴다. 명물 푸아그라는 페이스트 상태로 소량 나오는 다른 가게와 달리 큼직한 오리를 구워내 푸짐하다. 뜨내기 관광객용 식당이 아니라 맛도 고급스럽고 가격도 합리적이어서 입소문이 날 수밖에 없다.

벽에는 셰레시 레죄의 사진이 걸려 있고, 피아노로 현장에서 연주되는 〈글루미 선데이〉를 들으면 저세상에서 어서 오라고 손짓하는 듯한 착각에 빠진다. 만약 헝가리의 독한 과일주 팔링카(Palinka)를 한 잔 마신 뒤라면…… 말 그대로 분위기에 취해 무슨 일이라도 벌일 듯하다. 혹여 실연이나 사업에 실패한 뒤라면 엉겁결에 죽음을 생각할 수도 있을 법한 분위기다.

헝가리에 간다면 밤에 도나우강 주변을 거닐어보자. 낮에는 '도나우강의 진주'라고 불리는 개방적인 풍경의 하늘이 자줏빛 노을로 물들고, 가로등이 불을 밝힐 무렵에는 다른 얼굴을 보여준다. 반짝반짝 빛나는 야경이 도저히 사바세계의 풍경으로 느껴지지 않아 무심코 현실 세계에서 도피하고 싶어진다.

나는 1990년대 초반 이 도시에서 생활한 적이 있다. 당시 충동적으로 도나우강에 풍덩 몸을 던지고 싶을 때가 있었다. 물론 나는 자살 충동을 품고 사는 사람도 아니고 극단적 선택을 염두에 둔 적도 없다.

"이렇게 탐미적인 공간에 있다 보면 분위기에 휩쓸려 그런 생각이 들 법도 하지. 실제로 헝가리가 자살률이 높다잖아."

부다페스트에서 겪은 신기한 경험을 지인에게 들려주었더니 이렇게 말했다. 실제로 분위기에 제대로 취해 도나우강에 몸을 던지는 사람이 적지 않은 모양이다. 참고로, 키슈피파 레스토랑은 2018년에 맥주 전문점으로 재단장했는데, 지금도 가끔 〈글루미 선데이〉 라이브 연주를 들을 수 있단다.

끔찍한 자살 노래 〈글루미 선데이〉를
헝가리인들이 자랑스럽게 여기는 이유

2018년 10월, 부다페스트 시내에서 입장료가 무료인 '자살 전람회'가 개최되었다. 전시장에는 스스로 목숨을 끊은 사람들의 사진이 내걸렸다. 수면제 과다 복용, 목매달기, 가스 등 자살 방법별로 나누어 전시되었다. 1950년대 초반부터 지금까지 헝가리의 자살률은 항상 세계 최고 수준이어서 헝가리에서는 '자살'이 국민적 관심사다.

룩셈부르크에 거점을 둔 유럽 통계기구 유로스타트(Eurostat)의 2015년 조사에 따르면, 헝가리의 자살률은 EU 국가 중에서 라트비아와 함께 3위를 기록했다. 인구 10만 명당 19명의 자살자가 나왔다. 참고로, 1위는 리투아니아(30명), 2위는 슬로베니아(21명)였다.

〈글루미 선데이〉가 히트한 지 80년 넘는 세월이 흘렀다. '자살 노래'라는 불명예스러운 꼬리표를 달고 있지만 헝가리인들은 이 곡을 자랑스럽게 여긴다.

1999년에 독일과 헝가리의 합작 영화 〈글루미 선데이〉(롤프 슈벨 감독)가 개봉되었다. 제2차 세계대전 전후 부다페스트의 레스토랑이 무대인 이 영화는 레스토랑 경영자, 피아노 연주자, 독일인 장교와 웨이트리스의 연애 이야기가 담긴 서스펜스 로맨스물이다.

21세기에 들어선 뒤 부다페스트의 한 극장에서 연극 〈글루미 선데이〉가 무대에 올랐다. 연극은 셰레시 레죄의 아내 헬레네와 또 한 사람의 남자가 등장하는 삼각관계를 다루었다.

그리고 1983년에는 〈글루미 선데이〉와 자살의 관련성을 검증한 책이 헝가리에서 출간되었다. 이 책에 따르면, 실제로 100건 이상의 자살 사례 중에서 이 곡과 관련 있는 자살은 단지 5건뿐이었다. 진위 여부와 별개로, 지금도 부다페스트 도하니 거리의 건물 벽에는 셰레시 레죄를 본뜬 대리석 명판이 걸려 있고, 그가 영면에 든 유대인 묘지에서는 그를 추모하는 수많은 참배객이 바친 꽃을 볼 수 있다.

②

화재를 불러일으키는 위험천만한 그림 〈우는 소년〉

진품이 아닌 복제화도 사람을 불행으로 몰고 간다고?

보기만 해도 불행해지는 그림이 있다. 가령 〈절규(The Scream)〉로 유명한 노르웨이 화가 에드바르 뭉크(Edward Munch)의 〈죽은 어머니와 아이(The Dead Mother and the Child)〉가 그렇다. 침대에 누워 싸늘하게 식은 어머니에게 등을 돌리고 서서 화폭 너머의 감상자를 바라보며 양쪽 귀를 틀어막은 소녀의 모습을 담은 이 그림을 본 사람들은 자신의 섬뜩한 경험을 고백했다. 소녀가 눈을 휘둥그렇게 뜨는 모습을 봤다거나 어머니의 침대에서 침대보가 바스락거리는 소리를 들었다는 등의 괴이한 목격담이 쏟아졌다.

2000년에 다국적 전자 상거래 기업 이베이(eBay)에 출품된 빌

스토넘(Bill Stoneham)의 〈저항하는 손(The Hands Resist Him)〉이라는 그림을 본 관람객 사이에서도 비슷한 증언이 꼬리에 꼬리를 물고 이어졌다. 집 앞에 우두커니 선 어두운 표정의 반소매, 반바지 차림의 소년 옆에 소년의 어깨 정도 키의 소녀 인형이 서 있는데, 자세히 보면 등 뒤 문의 유리 너머로 몇 개의 으스스한 손이 뻗어 있다.

이베이 설명란에 '낙찰자는 판매자에게 전혀 책임을 묻지 않겠다'라는 취지의 주의 사항이 들어 있어 눈길을 끌었다. 소년이 그림에서 빠져나오려 했다거나 소녀 인형에 영혼이 깃들어 있다는 등의 소문이 끊이지 않을 정도로 사연 많은 그림이기 때문이다. 실제로 이 그림을 최초로 전시한 화랑 소유주와 관련 예술 평론가가 얼마 후 세상을 떠나며 '이베이의 저주받은 그림'이라는 딱지가 붙었다.

미국 텍사스주 오스틴의 드리스킬 호텔에는 소녀의 초상화인 〈연애편지(Love Letters)〉라는 복제화가 전시되어 있다. 1887년, 미국 상원의원의 네 살짜리 딸 서맨사 휴스턴이 공놀이를 하다가 실수로 5층 층계참에서 떨어져 사망하는 사고가 일어났다. 이 비극적인 사고를 애도하며 현장에 이 그림을 걸어두었다고 전해진다.

그러나 그림의 모티프인 꽃다발과 편지를 든 소녀는 서맨사가 아니고 전시된 그림도 진품이 아닌 복제화일 뿐이다. 그런데도 이 그림을 보고 현기증과 욕지기, 공중에 들어 올려진 듯한 어지럼증을 경험했다거나 소녀가 자신을 보고 웃었다는 사람들이 연달아 나타났다. 또 공을 가지고 노는 소녀 유령을 목격했다고 증언하는 투숙객도 있었다. 소문이 퍼지자 무서운 그림을 보고 싶다며 일부러 호텔에 묵는 오컬트 팬이 늘어날 정도였다.

하지만 지금까지 소개한 그림들은 맛보기에 지나지 않는다. 앞으로 소개할 〈우는 소년(The Crying Boy)〉은 오싹함에서 따라올 그림이 없는 세계적으로 소문난 무서운 그림이기 때문이다.

화재로 잿더미가 된 집에서 그을음 하나 없이 멀쩡하게 살아남은 기묘한 그림 〈우는 소년〉

1980년 영국 요크셔의 소방관들 사이에서 삽시간에 퍼진 실화를 바탕으로 한 이야기다. 화재 현장에 긴급 출동해 소방 활동을 마친 소방관들이 잿더미 속에서 기적적으로 훼손되지 않은 그림 한 점을 회수했다. 그런데 그때부터 계속 기묘한 사건이 일어났다. 어느 현장에서는 벽에 함께 걸려 있던 다른 그림은 몽땅 타버렸는데 이 그림만 멀쩡했다.

"집이 잿더미가 되었는데, 그 그림만 그을음 하나 없이 발견되어 오싹 소름이 돋았습니다."

소방 작업에 참여했던 소방관이 화재 현장에서 이 그림만 그을

뭉크가 30대 중반에 그린 〈죽은 어머니와 아이〉(노르웨이 오슬로 뭉크미술관 소장)

음 하나 없었다고 증언했다. 한편 피해자들은 입을 모아 '이 그림을 산 다음 날'이나 '반년 뒤'에 화재가 발생했다고 호소했다. 물론 화재와 그림의 인과관계는 과학적으로 증명할 수 없으나 소방관들 사이에서 이 그림이 화마를 불러오는 '저주받은 그림'이라는 소문이 돌기 시작했다.

이 그림은 〈우는 소년〉이라는 제목 그대로 천진난만한 소년이 우는 모습을 담고 있다. 그림은 특정한 소년을 모델로 삼지 않았다. 모델은 최소 8명으로 추정되며, 27명을 참고했다는 설도 있다. 그림에는 턱을 바짝 당기고 두 눈에서 구슬 같은 눈물을 뚝뚝 흘리며 하고 싶은 말이 있다는 듯 그림 너머를 쏘아보는 소년의 모습이 담겨 있다.

그림을 그린 스페인 출신 화가 브루노 아마디오(Bruno Amadio, 1911~1981)는 이탈리아식 이름인 '조반니 브라골린(Giovanni Bragolin)'이라는 예명을 사용했다.

원래 이 그림은 이탈리아의 베네치아에서 관광객에게 판매하는 기념품으로 만들어졌다. 그리고 1960년 이후 복제화 〈우는 소년〉으로 세계에 알려져 시리즈로 제작되었다.

그림의 모델이 된 소년은 브루노 아마디오가 마드리드의 뒷골목을 거닐다가 만난 돈 보닐로라는 것이 정설로 받아들여진다. 돈 보닐로는 화재로 부모를 여의고 고아가 된 소년이었다. 그런데 이 소년이 뚜렷한 외부 발화 원인이나 도구 없이 불을 일으키는 특별한 능력을 타고났다는 소문이 돌았다. 즉, 소년은 의도했든 의도하지 않았든 화재의 희생자가 아니라 부모를 죽게 만든 방화범이었다.

"저 아이는 악마의 씨다. 저 아이와 얽히지 않는 게 신상에 이롭다."

브루노 아마디오가 소년의 초상화를 그리기 시작했을 때 마을 사람들이 이처럼 경고했다. 그러나 소년의 눈동자에 매혹된 화가는 경고를 무시한 채 계속 그림을 그렸다. 그리고 영국에서 '저주받은 그림'으로 화제가 되기 4년 전, 브루노 아마디오는 자신의 아틀리에에서 원인 모를 화재로 사망했다.

그 후 오랫동안 베일에 감춰져 있다가 약 10년 후 스페인 바르셀로나 교외에서 일어난 자동차 충돌사고로 다시 소년이 세상에 모습을 나타냈다. 전소한 자동차에서 운전자의 시신이 발견되었는데, 운전 면허증에 '돈 보닐로'라고 적혀 있었다.

〈우는 소년〉과 관련된 충격적인 사례들은 《더 선》에 의해 날조되거나 과장된 것이다?

〈우는 소년〉이라는 그림의 존재를 세상에 본격적으로 알린 것은 영국에서 발행 부수가 가장 많은 타블로이드 일간지 《더 선

(The Sun)》에 실린 1985년 9월 4일 자 기사였다. 그 기사에는 〈우는 소년의 불타는 저주(Blazing curse of the crying boy)!〉라는 으스스한 제목이 붙어 있었다.

어느 날 영국 사우스요크셔주 로더럼에 거주하는 론과 메리 홀 부부의 주방에 있던 냄비에 갑자기 불이 붙었다. 그 불은 삽시간에 번져 지은 지 27년 된 집을 거의 전소시켜버렸다. 그런데 놀랍게도 액자에 넣어 2층 벽에 걸어두었던 〈우는 소년〉만은 아무런 피해도 입지 않았다.

"새까맣게 타서 잿더미만 남은 화재 현장에 그림 한 장만 덩그러니 남아 있었습니다."

기사에는 피해자의 형제로 소방 활동에 참여했던 소방관 피터 홀과 소방서장 앨런 윌킨슨이 증언한 인터뷰가 함께 실렸다.

〈우는 소년〉 사진도 함께 실렸는데, 사진 아래 "두려움의 눈물…… 소방관들이 저주받았다며 고통을 호소하는 초상화"라는 글귀가 눈에 띄었다. 그림에는 브루노 아마디오가 사용했다는 조반니 브라골린이라는 예명이 서명되어 있었다. 그 그림은 홀 부부가 지역 백화점에서 산 복제화였다.

기사가 나간 후 독자들에게서 "나도 같은 경험을 했다!"라는 제보가 신문사로 쏟아져 들어왔다. 그로 인해 〈우는 소년〉은 화재를 일으키는 '저주받은 그림'이라는 소문이 눈 깜짝할 사이에 퍼져 나갔다. 그리고 이 저주받은 그림을 소각 처분하자는 이야기가 나왔다.

기사를 보도한 신문사에서 캠페인을 벌였더니 독자들이 속속 그림을 보내왔다. 얼마 후 《더 선》에 〈울부짖는 불꽃(Crying Flame)〉이라는 제목의 기사가 대대적으로 보도되었다. 소방관들이 입회한 가운데 독자들이 보내온 2,500장이 넘는 그림을 소각 처분했다는 내용이었다.

이 그림에는 정말로 화재를 일으키는 힘이 있었을까? 《더 선》은 가십성이 강한 타블로이드 일간지다. 따라서 〈우는 소년〉 이야기가 단순히 소문이 소문을 부르며 집단 히스테리로 발생한 소동이었다는 견해도 있다. 자극적인 사건 기사를 실어 판매 부수를 늘리는 게 전형적인 타블로이드 일간지의 수법이라서 때로는 진실성보다 화제성을 우선하는 경향이 있긴 하다. 게다가 1980년대 중반에는 《데일리 미러(Daily Mirror)》와 치열한 판매 경쟁을 벌이고 있었기 때문에 〈우는 소년〉은 소위 대박을 터트린 귀중한 기삿감이 되었다.

실제로 〈우는 소년〉이 《더 선》에서 급격히 감소한 판매 부수를 늘리기 위해 과장한 측면이 있다고 지적하는 언론인도 있다. 이 그림은 영국 내에서 5만 장이나 판매된 나름 인기 상품이었다. 기사를 보고 자연스럽게 호기심이 생긴 그림 소유자들이 신문을 사서 읽어 판매 부수가 늘어날 거라고 충분히 예상할 수 있었다는 설명이다.

불에 태워도 타지 않고 쓰레기통에 버려도
끝내 다시 돌아오는 기묘한 그림

그러나 그 후에도 피해는 끊이지 않았다. 《더 선》의 기사가 보도되고 닷새가 지난 1985년 9월 9일, 노샘프턴셔주 보턴에서 브라이언 파크스가 살던 주택이 화재로 전소되었다. 그런데 화재 현장에서 〈우는 소년〉 그림이 발견되었다.

10월 9일, 옥스퍼드의 그레이스 머리가 거주하던 주택에서 화재가 발생했다. 그레이스 머리는 화상으로 입원할 정도였는데, 희한하게 방에 걸려 있던 〈우는 소년〉 그림은 무사했다. 10월 21일, 노퍽주 그레이트야머스에 있는 피자 가게에서 불이 났다. 가게 안에는 몇 장의 그림이 걸려 있었는데, 이번에도 〈우는 소년〉만 불에 타지 않고 무사했다. 10월 24일, 사우스요크셔주 헤링소프에 있는 케빈 가버의 집에서 화재가 발생했다. 벽에 걸려 있던 그림 중 〈우는 소년〉을 제외한 나머지 그림은 깡그리 불에 탔다. 10월 25일, 머지사이드주 헤스웰에 있는 아모스 씨의 주택에서 가스 누출로 폭발이 일어났다. 거실과 주방에 〈우는 소년〉 그림이 두 점 걸려 있었는데, 두 그림 모두 멀쩡했다.

이 사건들은 타블로이드 일간지에 실제로 실렸던 기사 내용이다. 이 사건들을 모두 우연으로 봐야 할까? 그림을 사고 나서 반년 만에 비극을 겪었다는 서리주의 미첨에 거주하던 도라 만은

"〈우는 소년〉 그림을 제외하고 홀라당 타버렸어요"라고 증언한 다음 말을 아꼈다. 그녀는 자택이 전소했는데 멀쩡하게 남은 그림이 꺼림칙해서 불을 붙여 태우려 했으나 아무리 애써도 그림이 불에 타지 않았다고 덧붙였다. 어쩔 수 없이 그림을 쓰레기통에 버렸더니 무언가 알 수 없는 힘이 작용해 그림이 돌아왔다는 생각이 들었단다.

노스요크셔주 킬번에 살던 샌드라 카스케도 이 그림을 샀는데, 그림을 보고 마음에 들었던 시누이와 친구도 따라서 복제화를 샀다. 그런데 하나같이 화재를 당했다고 주장했다. 또 아내와 두 아이가 화재 당시 연기를 마셔 입원한 브라이언 파크스는 퇴원 후 이 그림을 박박 찢어버렸다고 털어놓았다. 노팅엄에 거주하던 한 가족은 한목소리로 "그 몹쓸 그림이 문제야!"라고 주장했다. 화재가 일어나기 전날 밤 그림 속 소년의 눈이 번쩍번쩍 빛나더니 으스스한 목소리로 화재를 예고하는 꿈을 꿨다는 사람도 있었다.

1,000도가 넘는 화재 현장의 온도를 견딘 〈우는 소년〉의 은밀한 비밀

화재의 원인에 관해서는 복제화를 제작할 때 난연성 경질 섬유 합판을 사용했기 때문이라는 견해도 있다. 경질 섬유 합판은 전기난로 등의 전열 기구에 뒤판을 댈 때 흔히 사용하는 소재다.

이 가설을 내놓은 사람은 그림을 거는 줄이 끊어지며 화폭이 바닥에 떨어져 공기가 차단되었기 때문에 그림이 타지 않았다고 주장했다. 더욱이 〈우는 소년〉 복제화는 영국 내에서 5만 장도 넘게 팔린 인기 시리즈였고, 1985년 요크셔에서는 화재가 빈번하게 발생했다. 확률적으로 충분히 설명 가능하다는 주장이다. 실제로 BBC 라디오4의 프로그램 〈펀트(Punt) PI〉에서 코미디언 스티브 펀트가 〈우는 소년〉 복제화에 불을 붙여 태우는 실험을 했는데, 표면 일부만 그을고 불이 저절로 꺼졌다. 불길에 휩싸인 〈우는 소년〉은 하얀 연기를 뭉게뭉게 피웠으나 역시 타지 않았다. 천장에 불길이 닿아 주저앉을 정도로 불꽃이 이는 화재 현장의 온도는 섭씨 1,000도가 넘었다. 난연성이라고는 하나 이 정도 고열에 그림이 장시간 견딜 수 있을까?

1973년 이후 〈우는 소년〉과 관련된 50건의 화재 현장에 발을 들인 소방관 앨런 윌킨슨은 저주를 부정했다. 33년 동안 소방관으로 일한 경험을 바탕으로 늘 과학적으로 사고하려 애쓰는 그는 거의 모든 화재 현장에서 화재의 원인이 될 수 있는 단서를 발견했다. 그러나 앨런 윌킨슨도 왜 〈우는 소년〉 그림만 무사했는지는 설명하지 못했다. 다만 그를 포함한 사우스요크셔주 소방관 중에서 집에 〈우는 소년〉 그림을 걸어두는 사람은 아무도 없다는 사실은 확실하게 말할 수 있다고 말했다.

"〈우는 소년〉은 정말 악마의 자식일 수도 있답니다"

〈우는 소년〉은 미국이 소유한 유료 TV 채널 '트래블 채널'의 인기 프로그램 〈치명적 소장품(Deadly Possessions)〉에도 등장했다. 배우 겸 작가인 잭 배건스(Zak Bagans)가 진행을 맡은 이 프로그램은 시청자가 가져오는 심령 현상에 얽힌 물건을 조사하는 내용이다. 진행자는 소년 시절 심령 현상에 관심이 생겨 열 살 무렵부터 사연 있는 물건들을 수집했다. 그리고 라스베이거스에 있는 '잭 배건스의 유령 박물관'을 공동 소유하고 책도 출간했다.

어느 날 이 프로그램에 티나 부스라는 여성이 출연해 자신의 '치명적 소장품'을 감정해달라고 의뢰했다. 티나는 이 그림 때문에 두 번이나 화재를 겪었다고 주장하며 그간의 사연을 털어놓았다. 그녀는 골동품을 전문으로 취급하는 벼룩시장에서 복제화를 사서 2층 침실에 걸어두었다. 어느 날 컴퓨터 앞에 앉아 일하고 있는데, 2층에서 반려 고양이가 무엇에 놀랐는지 혼비백산해서 뛰어 내려왔다. 깜짝 놀라 계단 위를 보니 연기가 모락모락 피어오르고 있었다. 결국 2층 침실은 몽땅 탔는데, 희한하게 〈우는 소년〉 그림만 흠집 하나 없이 멀쩡했다. 그러자 진행자가 〈우는 소년〉이 화재를 몰고 다니는 그림이라는 사실을 알고 있느냐고 물었다. 티나는 알고 있다고 고개를 끄덕였다. 진행자는 그 사실을 알면서 왜 굳이 그 그림을 집에 걸어두었냐고 물었다.

"진짜로 불이 날 줄은 몰랐어요."

티나의 대답에 진행자는 안타까운 표정으로 고개를 절레절레 내저었다.

"〈우는 소년〉은 정말로 악마의 자식일 수도 있답니다."

그런데도 티나는 화재에서 살아남은 그림을 다른 방에 다시 걸어두었다. 두 번째 화재는 컴퓨터가 원인 불명의 연기를 피우며 시작되었다. 한 번은 몰라도 두 번이나 당했다는 고백에 진행자도 적잖이 당황한 표정이었다.

마지막으로, 티나가 〈우는 소년〉 그림을 '잭 배건스 유령 박물관'에 기증하겠다는 의사를 밝히자 진행자 잭의 표정이 눈에 띄게 떨떠름해졌다. 박물관에는 귀중한 수집품이 많이 전시되어 있었기 때문이다.

"특별 전시실을 마련해서 보관하기로 하죠. 부디 아무 일이 생기지 않기를 빌어주세요."

진행자는 잠시 생각한 뒤 그림 속 소년에게 말을 걸듯 이야기하며 마무리했다.

이렇게 숱한 화재를 일으켜 저주받은 그림으로 알려지며 지금은 쉽게 구할 수 없게 된 그림 〈우는 소년〉은 라스베이거스의 박물관에서 감상할 수 있다.

③

실제로 존재했던 저주받은 인형 '애나벨'

〈컨저링〉은 세상에서 가장 유명한 '저주받은' 인형 애나벨을 모티프로 만든 영화다?!

일본에서는 인형에 얽힌 괴이한 현상이 심심찮게 보고된다. 그중에서도 머리카락이 자라는 '오키쿠 인형' 이야기는 모르는 사람이 거의 없을 정도로 굉장히 유명하다. 다만 이 으스스한 이야기에는 내막이 있다. 인형 제작 과정에서 여유를 두고 심은 머리카락이 차츰 밖으로 빠져나오는 것이 원인이라는 분석이다. 그러나 '저주받은 인형 애나벨'에는 내막도 장치도 없다. 믿거나 말거나이지만, 이것은 실화다.

애나벨 인형은 2013년 개봉한 영화 〈컨저링: 악마가 돌아왔다(Conjuring the Genie)〉에 등장해 존재감을 널리 알렸다. 그 후 스핀

오프 격으로 제작된 〈애나벨〉(2014)에서 주인공으로 승격하더니, 이후 〈애나벨: 인형의 주인〉(2017), 〈애나벨 집으로〉(2019) 시리즈로 제작되었다.

영화에 등장하는 애나벨 인형은 19세기 유럽 부르주아 계급에서 유행한 도자기 비스크 인형으로, 보통 '앤티크 인형'으로 통용된다. 구체적으로는 금발에 둥근 얼굴, 긴 속눈썹 아래 큼직한 초록색 눈동자와 새빨간 입술을 가진 소녀를 본떠 만들어졌다. 씩 웃으면 왼쪽 눈동자와 볼의 상처가 한층 불길한 색채를 띤다.

영화는 저명한 심령학자 에드워드 워런 마이니(Edward Warren Miney, 1927~2019) 부부가 실제로 관여한 사건을 바탕으로 한다. 제럴드 브리틀(Gerald Brittle)의 책 『악마: 에드와 로레인 워런 부부의 놀라운 커리어(The Demonologist: The Extraordinary Career of Ed and Lorraine Warren)』 제3장에 소개된 에피소드를 영화화한 것이 〈애나벨〉이다.

아일랜드계 미국인인 에드워드 워런 마이니는 유럽과 깊은 인연을 맺고 있다. 그는 뒤에서 자세히 살펴볼 제4화 「1,500건의 괴이한 현상을 낳은 엔필드 사건」에도 등장해 본격적으로 조사를 벌일 예정이다.

이러한 이유로 사건이 발생한 공간적 배경은 비록 유럽이 아닌 미국이지만, '전 세계에서 가장 유명한 저주받은 인형'의 구체적인 사례로 이 책에서 다루기로 한다

미국 코네티컷주 워런 오컬트 박물관에 소장된 애나벨 인형

일곱 살에 죽은 애나벨 히긴스의 영혼이 씌어 제멋대로 움직이는 이상한 인형

뜸 들이기는 이쯤에서 끝내고 사건의 전모를 대략 살펴보자. 1970년, 미국의 대학에서 간호학을 공부한 도나는 생일날 어머니에게서 헝겊 인형 앤을 선물로 받는다. 헝겊 인형 앤은 작가 조니 그루엘(Johnny Gruelle, 1880~1938) 원작의 그림책 『헝겊 인형 앤디 이야기(Raggedy Andy Stories)』에 등장하는 캐릭터 중 하나다.

도나는 친구인 앤지와 함께 아파트에서 살았는데, 두 사람은 인형을 소중히 다루었다. 그런데 얼마 지나지 않아 기묘한 일들이 일어나기 시작했다. 두 사람이 집을 비웠을 때나 보고 있지 않을 때 인형의 위치가 바뀌어 있었다.

어느 날 두 사람은 벤치처럼 긴 의자 위에 있는 인형을 확인하고 집을 나섰다. 혹시나 해서 현관문에 테이프를 붙여 누가 침입했는지 알 수 있게 해두었다. 두 사람이 집으로 돌아와보니 인형이 도나의 침대에 놓여 있었다. 현관문에 붙여둔 테이프를 떼어낸 표시도 없고, 누군가 집에 들어온 흔적도 없었다.

도나는 이 사건을 남자 친구인 루에게 이야기했다.

"여차하면 태워버려."

루는 꺼림칙하다면서 인형을 태워버려야 한다고 강하게 주장했다. 그러나 두 사람은 멀쩡한 인형을 태울 수 없다며 계속해서 인형과 함께 생활했다.

그날을 기점으로 루는 매일 밤 불길한 꿈에 시달렸다. 침대에서 잠들면 발치에서부터 기어 올라온 인형이 목을 조르는 악몽이었다. 소스라치게 놀라 이불을 박차고 일어나면 목이 바짝 마르고 식은땀으로 침대 시트가 흥건하게 젖어 있었다. 게다가 꿈 내용이 날이 갈수록 생생해졌다. 며칠 후 잠이 든 루는 발치에서 자기 몸을 타고 기어 올라온 인형이 목을 조르는 모습을 똑똑히 보았다. 몽롱한 의식 속에서 '이건 꿈이 아니고 현실이야'라고 확신이 든 순간 까무룩 정신을 잃었다.

한편 도나와 앤지는 처음 보는 오래된 양피지 조각을 집 안에서 발견했다. 양피지 조각에는 아이가 쓴 듯한 서툰 글씨로 "루를 구해", "우리를 구해줘"라고 적혀 있었다. 심상치 않은 사태라고 판단한 두 사람은 영매를 찾아갔다.

영매는 인형에게 일곱 살에 죽은 애나벨 히긴스라는 소녀의 영혼이 씌었다고 말했다. 애나벨이 살던 집이 철거된 후 그 땅에 도나와 앤지가 사는 아파트가 세워졌던 것이다.

"애나벨은 자신을 소중하게 아껴주는 도나와 앤지와 함께 행복하게 살고 싶다고 하네요."

영매는 인형의 유래를 이야기해주었다. 도나는 어린 나이에 세상을 떠난 소녀가 딱해 인형을 그대로 곁에 두기로 했다.

며칠 후 남자 친구인 루가 도나의 집으로 왔다. 함께 드라이브

가기로 약속한 날이었다. 그때 옆방에서 소리가 들렸다. 혹시 도둑이 들었을 수도 있다고 여긴 루는 조심조심 방으로 들어갔다. 그런데 방 한구석에 인형이 오도카니 앉아 있었다.

그리고 갑자기 가슴을 쥐어뜯을 정도로 심한 통증이 느껴지더니 셔츠가 선혈로 물들었다. 방에서 도망쳐 나온 루는 셔츠를 벗어 던졌다. 그런데 가슴과 배에 짐승이 할퀸 듯한 손톱자국이 나 있었다.

공포에 질린 세 사람은 다급하게 심령 연구가인 워런 부부를 찾아갔다.

워런 부부는 왜 '악령이 깃든' 애나벨 인형을 박물관에 전시하기로 했을까?

"인형에는 죽은 소녀가 아닌 악령이 씌어 있습니다."

워런 부부는 단언했다. 그래서 신부를 불러 퇴마 의식을 거행하고 인형을 워런 부부가 인수하기로 했다.

워런 부부는 인형을 자동차 뒷좌석에 태우고 집으로 돌아가는 길에 인형의 악령이 가만히 있을 리 없다며 고속도로를 피해 일반 도로를 택했다. 좁고 구불구불한 도로를 달리던 중에 갑자기 파워 스티어링이 말을 듣지 않고, 브레이크까지 말썽을 부리기 시작했다. 에드워드(에드)는 운전하며 가방에서 유리병을 꺼내 안에 들어 있던 성수를 인형에 뿌려 위기를 모면하고 가까스로 집에 도착했다.

워런 부부의 집을 새로운 보금자리로 삼은 애나벨 인형은 이번에도 멋대로 움직이기 시작했다. 분명히 앉혀두었는데 어느새 우뚝 서 있는 모습으로 발견되기도 했다. 워런 부부는 아직 악령이 깃들어 있다고 판단해 집 근처에 있는 워런 오컬트 박물관(Warren Occult Museum)에서 인형을 소장하고 전시하기로 했다.

이렇게 해서 애나벨 인형은 작은 집 모양의 목제 보관함에 답답하게 앉아 있는 신세가 되었다(57쪽 사진). 삼각형 지붕에는 십자가가 걸려 있고, 다가가면 교회 음악이 울려 퍼지며, 인형에 조명을 비추는 장치다. 유리문에는 잠금장치를 하고 타로 카드로 봉인했다.

아이들 장난처럼 보여도 신부가 한 달에 두 번 빠지지 않고 미사를 드리러 온다고 하니, 절대 악령의 힘을 얕보아서는 안 된다. 영화에서처럼 전시 상자에는 '경고(Warning)' 표시가 붙어 있다.

진짜 애나벨 인형은 영화에 나오는 하얀 드레스를 걸친 어여쁜 도자기 인형과 달리 천으로 만든 순박한 시골 소녀의 모습이다. 이 인형은 앞에서 설명한 조니 그루엘의 원작 그림책 주인공이다. 초판 삽화는 빨간 머리카락에 동그란 눈과 세모 모양 코, 치마 아래로는 페티코트가 슬쩍 보이는 모습이어서 공포 분위기라고는 손톱만큼도 찾아볼 수 없다. 이렇게 순박한 모습으로는 영화에 적합하지 않다고 판단한 제작자가 적당히 변형한 듯하다.

캐릭터의 탄생 비화를 살펴보자. 20세기 초에 조니 그루엘은 다락방에서 낡은 천으로 만든 인형을 발견했다. 인형의 얼굴이 희미하게 지워져 있어 새로 얼굴을 그리고, 퀼트 실력을 발휘해 너덜너덜해진 부분을 솜씨 좋게 기워 병약한 딸 마르셀라에게 선물했다. 인형을 받은 딸은 몹시 기뻐했다.

조니 그루엘은 매일 밤 잠들기 전에 인형을 주인공으로 한 이야기를 창작해서 딸에게 들려주었다. 그리고 그녀는 그 이야기를 모아 인형 삽화를 그려 넣은 그림책 『헝겊 인형 앤디 이야기』를 출간했다. 안타깝게도 작가의 딸 마르셀라는 열세 살에 병으로 세상을 떠났다.

"해코지하려면 어디 한번 해보시지!"

우여곡절을 거쳐 애나벨 인형은 워런 오컬트 박물관에 엄중하게 보관되었는데, 이후 '경고'를 지키지 않아 재앙이 발생한 사례가 여러 건 보고되었다.

어느 날 박물관을 찾은 젊은 커플이 유리 진열장 앞에서 애나벨 인형을 뚫어지게 들여다보았다.

"해코지하려면 어디 한번 해보시지!"

남자는 겁도 없이 유리를 두드리며 큰소리를 쳤다. 이후 남자가 여자 친구를 오토바이에 태우고 돌아가던 길에 운전 부주의로 나무와 충돌하는 사고가 발생했다. 그 사고로 남자는 즉사했으나 여자는 목숨을 건졌다. 그녀는 애나벨 인형을 비웃고 나서 갑자기 브레이크가 작동하지 않아 그대로 나무와 충돌했다고 주장했다.

"악령보다 하느님의 힘이 위대하시다!"

어느 날 신부가 박물관에서 퇴마 의식을 거행하던 중에 애나벨 인형을 내던졌다. 신부는 당연히 퇴마 지식이 풍부한 전문가였다. 그런데 의식을 마치고 자동차를 운전해서 돌아가던 길에 신부는 트럭과 부딪치는 대형 사고를 당했다. 구사일생으로 목숨을 건진 신부는 사고 직전 자동차 백미러에 애나벨 인형이 비쳤다고 증언했다.

로레인은 악령의 무서움을 전하는 동시에 대처법에 관해서도 이야기한다.

첫째, 악령이 붙은 인형 혹은 물건을 부수거나 태워 없애려고 해서는 안 된다. 도나의 남자 친구 루가 겪은 불상사는 애나벨 인형을 태우려고 해서 벌어진 사달이라는 주장이다. 악령의 원한을 샀기 때문이라고 추측할 수 있다.

둘째, 악령을 모욕하거나 비웃어서는 안 된다. 앞에서 소개한 두 사례가 좋은 예다. 말하자면 악령에게 복수를 당하기 때문이라고 해석할 수 있다.

셋째, 절대로 인형과 눈을 마주치지 마라. 악령은 눈을 마주쳐 홀릴 상대를 인식하고, 빙의 대상으로 삼으려 하기 때문이다.

로레인은 일반인이 악령의 힘을 이해할 수는 없다고 경고한다. 그러면서 악령은 과거부터 현재, 그리고 미래에도 영원히 이 세상에 존재한다고 말한다.

"실제로 이야기에 나오는 악마는 존재합니다. 동시에 신도 존재합니다."

그녀는 생전에 이렇게 꾸준히 호소했다.

촬영 현장에서 생긴 괴이한 현상

영화 제작 과정에서도 여러 괴이한 현상이 발생했다. 그중 몇 가지를 소개한다.

떠오르는 룬 문자

영화 〈애나벨(Annabelle)〉에는 악마의 가슴에 룬 문자가 나타나는 장면이 있다. 고대 게르만인이 사용하던 룬 문자는 라틴 문자가 발전하면서 소멸했다. 그런데 지금도 주술에서는 사용되고 있다. 이 문자가 유리잔에 비친 적도 있고, 거울에 반사되어 보인 적도 있다. 또한 트럭 타이어에 비친 적도 있다고 한다.

샹들리에 추락

〈애나벨〉에는 샹들리에가 떨어져 등장인물이 죽는 장면이 나온다. 어느 날 대기하고 있던 악마 역 배우 근처로 느닷없이 샹들리에가 떨어졌다. 하마터면 샹들리에에 그대로 깔릴 뻔했다. 기술 스태프에 따르면 샹들리에는 튼튼하게 고정되어 있었다. 그 후 문제의 장면은 대본에서 삭제되었다.

선반 낙하

영화에서 아내 미아에게 애나벨 인형을 선물하는 존 역의 배우 워드 호턴도 집에서 기묘한 경험을 했다. 배역 설정을 위해 워런 부부가 쓴 책을 읽고 있었는데, 아무도 없는 욕실에서 벽에 걸려 있던 선반이 떨어졌다. 수리한 후에도 선반이 몇 번이나 떨어졌다.

수수께끼 벽보

취재진이 〈애나벨〉 촬영 현장을 찾았을 때, 무대 세트에 "이 장소에는 귀신이 씌워 있다"라는 벽보가 붙어 있었다. 장난치고는 도를 넘은 심한 장난이었다. 누가 붙였는지 문제가 되어 범인 색출에 나섰는데, 결국 범인을 찾지 못했다. 관계자들은 속으로 악령의 경고라며 두려움에 떨었다고 한다.

여배우의 출혈

2019년에 개봉한 〈애나벨 집으로(Annabelle Comes Home)〉는 워런 부부가 출장 중에 남겨진 아이 주디, 주디의 친구 다니엘라, 베이비시터 메리, 이렇게 세 사람이 악령과 싸운다는 줄거리다. 그러나 사실 워런 부부가 애나벨 인형을 집으로 가져왔을 때, 주디는 이미 어른이 되어 있었다. 그러나 감독은 주디 역으로 어린아이가 적합하다고 판단했다. 그런데 주디 역을 연기한 아역 배우 매케나 그레이스가 촬영 도중에 코피를 쏟은 적이 있다. 초콜릿을 너무 많이 먹었다거나 흥분해서 연약한 콧속 혈관이 터지며 코피가 난 것도 아니었다. 매케나가 휴지를 가지러 무대 세트를 벗어나자 코피는 거짓말처럼 멎었다. 제작진은 즉시 신부를 불러 퇴마 의식을 거행했다.

인형의 이동

영화에 등장하는 애나벨 인형은 영화를 위해 만들어진 소품이다. 그러니 악령이…… 씌워 있을 리가 없다. 그런데 그 인형이 유리 진열장 안에서 뛰쳐나와 세트 안의 다른 장소로 이동하는 사건이 종종 발생했다. 또 무대 세트의 조명이 수시로 스태프를 위협하듯 불길하게 깜빡이는 사건이 몇 번이나 발생했다.

“애나벨 인형이 박물관에서 도망쳤다”

애나벨 인형을 유명하게 만든 워런 부부는 1952년에 뉴잉글랜드 심령 조사 협회(New England Society For Psychic Research)를 설립하고, 과학적으로 해명되지 않은 심령 현상 연구에 종사했다. 세계 각지에서 요청이 들어오면 출장 강연을 마다하지 않고, 필요하면 악령 피해 실태 조사에 나섰다. 피해자를 구제하기 위해 퇴마 의식을 거행하기도 했다. 부부는 반세기 이상 심령 조사 활동에 매진했다.

워런 부부는 어느 부부들과 다른 이채로운 인생을 보냈으나 두 사람의 만남은 지극히 평범했다. 로레인이 열여섯 살 때 친구들과 영화를 보러 시내에 나가기로 했는데, 동갑내기 에드가 시내 안내를 자처했다. ‘훤칠하고 단정한 남학생.’ 이것이 에드의 첫인상이었다. 돌아오는 길에 에드는 세 명의 여학생에게 음료수를 사주겠다고 약속했는데, 로레인 몫으로만 특별히 탄산음료에 아이스크림을 올린 아이스크림 플로트를 주문했다.

나중에 그 당시를 회상하면서 에드는 깍쟁이처럼 보이는 로레인에게 강렬한 인상을 주고 싶어서 그랬다고 이야기했다. 한편 로레인은 일기에 “오늘 결혼할 남자를 만났다”라고 적었다. 어린 시절부터 영감이 뛰어났던 그녀에게 에드와의 만남은 금세 사랑에 빠지는 소녀의 감성이라기보다 미래를 예지한 예감에 가까웠다.

그 당시 에드는 로레인의 숨겨진 힘을 몰랐으나 젊어서부터 악마에 관심을 가지고 관련 서적을 탐독했다. 처음에는 순전한 흥미였는데, 차츰 가톨릭교회 공인으로 퇴마 의식을 거행할 정도로 발전했다. 참고로, 일반인에게 퇴마 사제 자격을 부여한 사례는 에드가 유일하다. 일반적으로는 성직자도 특별한 수업과 훈련을 거쳐야 겨우 퇴마 사제 자격을 얻을 수 있다.

퇴마 의식은 공포영화에서 볼 수 있듯 향을 피우고, 십자가를 손에 들고 인간에게 빙의한 사악한 영혼과 정면 승부에 나서 퇴치하는 싸움이다. 악령에게 패하면 목숨을 잃을 수도 있어 위험하다.

한편 로레인은 악령에 들린 사람이나 물건, 건물을 알아보는 능력을 가지고 있었다. 에드조차 처음에는 로레인의 영감을 믿지 못했다. 일본과 유럽에서 각각 20년 이상 살아본 개인적 경험으로 보건대, 서구보다 일본은 신기나 신통력, 영감이 있는 사람에 관대한 편이다. 서구에서는 특별한 능력이 있는 '초능력자'라는 인식보다 '기묘한 사람'으로 보는 경향이 있다. 때로는 남들에게 없는 힘을 가졌다고 꺼림칙하게 여겨 기피 대상이 되기도 한다.

워런 부부의 딸 주디는 부모님의 일에 관해 학교 선생님이나 친구에게 솔직하게 털어놓을 수 없었다.

"학교에서 부모님 직업을 물으면 뭐라고 대답해요?"

"풍경화를 그리는 화가라고 말하렴."

주디의 질문에 에드가 웃으며 대답했다. 세계 각지를 누비는 잘나가는 화가라고 소개하라고 했다. 실제로 주디를 돌본 사람은 할머니였다.

성장한 주디가 남자 친구인 토니 스페라를 소개한 날, 워런 부부는 딸에게 엄중하게 출입을 금지하던 워런 오컬트 박물관으로 토니를 안내했다. 아마도 딸의 남편이 될 남자, 즉 미래의 사윗감에게는 집안의 비밀을 솔직히 밝히고 이해를 구하고 싶었기 때문이리라. 토니는 워런 집안의 사위가 되었고, 기대에 부응하듯 장인 장모를 도왔다. 지금은 어엿한 후계자로서 악령의 존재를 인정하고 어떻게 대처해야 할지 방법을 모색하는 위대한 사명을 주디와 나누어 지고 있다.

로레인은 2019년에 세상을 떠났다. 워런 오컬트 박물관은 현재 조닝법(Zoning, 토지와 건물의 이용에 관한 법률)에 따라 폐관했다.

2020년 9월 14일, 오컬트 팬으로 보이는 인물이 트위터에서 "애나벨 인형이 박물관에서 도망쳤다"라는 글을 올려 실시간 트렌드로 소개되었다. 이 소문에 대해 토니는 "애나벨 인형은 박물관을 한 번도 떠난 적이 없다"라고 증언해 오컬트 팬과 세상 사람들을 안심시켰다.

part

2

괴이한 현상

strange
phenomenon

④

1,500건의 괴이한 현상을 낳은 엔필드 사건

영화 상영 중에 연이어 발생한 사망 사고는 실제였을까, 영화를 홍보하기 위해 만든 가짜뉴스였을까?

2016년, 영화 〈컨저링 2(The Conjuring 2)〉가 제작되었다. '컨저링(conjuring)'은 '마술'이라는 의미인데, 여기서는 '주문을 외워서 부른다'는 정도로 번역하는 것이 적절하다. 그렇다면 도대체 무엇을 부를까? 두말할 필요도 없이 영혼이다. 영화는 크게 성공해, 말레이시아 출신 화교 제임스 완 감독에게 '공포영화의 거장'이라는 칭호를 안겨주었다.

잠시 공포영화의 역사를 거슬러 올라가보자. 1960~1970년대에는 로만 폴란스키 감독의 〈악마의 씨(Rosemary's Baby)〉(1968), 윌리엄 프리드킨 감독의 〈엑소시스트(The Exorcist)〉(1973), 토브

후퍼 감독의 〈텍사스 전기톱 학살(The Texas Chain Saw Massacre)〉(1974), 리처드 도너 감독의 〈오멘(The Omen)〉(1976)〉 등의 걸작이 연이어 탄생했다.

이 영화들은 공포영화 팬을 넘어 일반 영화 관객까지 끌어들여 전 세계 사람들을 공포의 도가니에 빠뜨렸다. 예술성 측면에서도 높이 평가받은 〈악마의 씨〉는 제41회 아카데미 여우조연상(루스 고든)을, 〈엑소시스트〉는 제46회 아카데미 각색상(윌리엄 피터 블래티)과 음향상(로버트 크누두슨)을, 〈오멘〉은 제49회 아카데미 작곡상(제리 골드스미스)을 받았다. 〈텍사스 전기톱 학살〉은 아카데미상을 놓쳤으나 런던 영화제 최우수상에 빛나는 영광을 안았다.

"메이저 공포영화에 쏟아진 경의를 되찾고 싶습니다."

차세대 공포영화의 귀재로 인정받은 제임스 완 감독은 이렇게 포부를 밝혔다.

〈컨저링〉 시리즈는 말하자면 주류에서 밀려나 비주류가 된 공포영화의 복권을 노린 감독의 도전장과 같은 작품이었다.

첫 번째 작품인 〈컨저링〉의 흥행 수입은 3억 1,800만 달러로 역대 공포영화 중 9위를 차지했다.

그런데 후속작인 〈컨저링 2〉가 개봉되자 불길한 사건이 각지에서 발생했다. 인도의 영자 신문 《타임스 오브 인디아(The Times of India)》 2016년 6월 17일 온라인판 기사에 따르면, 인도 남동부

타밀나두주의 주요 도시 중 하나인 티루치라팔리에서 영화를 관람하던 예순다섯 살 남성이 클라이맥스 장면에서 가슴 통증을 호소하며 실신했다. 이 남성은 곧바로 병원으로 이송되었으나 한발 늦어 쇼크로 인한 사망 진단을 받았다.

영화 관람 중에 발생한 사망 사고는 이것뿐만이 아니었다. 그런데 사고 후에 더 괴이한 일이 벌어졌다. 경찰 당국의 요청으로 부검을 위해 시내 의과대학원으로 시신을 운구하던 중 병원 직원과 시신이 홀연히 자취를 감추었다.

싱가포르에서는 남성이 자신의 페이스북에 "여자 친구와 영화를 보고 난 뒤 호텔로 돌아갔더니 욕실 거울에 십자가가 그려져 있었다. 머리털 나고 처음으로 심령 현상을 경험했다"라는 게시물을 올렸다. 또 인도네시아에서는 영화를 보고 악령에 빙의되었다는 여성의 영상까지 나돌았다.

이 영화를 보면 저주에 걸린다는 소문이 삽시간에 아시아를 중심으로 퍼져 나가면서 영화는 입소문을 타고 점점 더 인기를 끌었다. 한편 영화 홍보를 위해 꾸며낸 이야기라고 의심하는 의견도 나왔다.

그러나 프랑스에서 관객이 비정상적으로 흥분해 비명을 내지르며 공황 장애를 일으킨 사건이 발생하며, 대다수 영화관이 상영을 금지하는 조치에 나섰다는 사실을 고려하면 단순히 영화 홍보로만 치부할 수는 없다.

1,500건이 넘는
괴이한 사건으로 점철된 엔필드 사건

영화 〈컨저링〉은 영국 런던의 교외 엔필드에서 실제로 일어난 세계 최대 폴터가이스트(Poltergeist, 독일어로 '시끄러운 영혼'이라는 뜻으로 악취나 소음, 물건 이동 등 괴이한 일이 나타나는 심령 현상)에서 모티브를 따왔다. 런던은 제8화에서 다룰 '잭 더 리퍼' 등 도시 기담의 보고이며, 엔필드는 런던의 자치구 중 가장 북쪽에 자리 잡고 있다.

엔필드에서는 기록으로 남은 사건만 1,500건이 넘는 괴이한 현상이 발생했다. 폴터가이스트는 일반적으로 일회성 소동으로 끝나는데, 이 사건은 1977년 8월부터 2년 2개월에 걸쳐 이어졌다. 그래서 엔필드 사건은 세계 최대 최장 폴터가이스트로 일컬어진다. 이제 본격적으로 엔필드 사건에 관해 알아보자.

사건의 무대는 그린가 284번지 2층의 공영 주택이다. 건물은 두 가족이 한 동을 나누어 쓰는 구조로 되어 있다. 평면도를 보면 거실, 주방, 그리고 침실 세 개가 있다. 1920년대에 지어졌으니 반세기 가까이 지난 셈이다. 런던에는 이 정도로 오래된 주택이 드물지 않다.

이 집에는 호지슨 가족이 살고 있었다. 어머니 페기(47세), 딸 마거릿(13세)과 재닛(12세), 아들 조니(11세)와 빌리(7세), 이렇게 다섯 식구가 함께 살았다. 밝고 성실한 페기는 혼자서 네 아이를 키우는 넉넉지 않은 살림에 보탬이 되려고 고군분투했다. 큰딸 마거릿은 착실하고 얌전한 성격이고, 둘째 딸 재닛은 붙임성이 좋았다. 큰아들 조니는 기숙학교에 다녀 주말과 방학에만 집으로 왔다. 막내 빌리는 언어 장애를 제외하면 평범한 소년이었다.

이웃인 노팅엄 가족은 호지슨 가족과 서로 왕래하며 지냈다. 노팅엄 가족은 건축 현장에서 일하는 남편과 아내, 아들(20세)로 구성되어 있었다. 같은 거리에 있는 272번지에는 병원에 근무하는 페기의 오빠 존 버컴 가족이 살았는데, 아내 실비아는 물론 아들 폴과 데니도 호지슨 가족과 친했다.

1977년 8월 31일 밤 9시 30분경, 침실에 있던 재닛과 조니는 무언가 끄는 듯한 기묘한 소리를 들었다. 소리가 난 곳은 아무도 없는 방이었다.

아이들이 소리를 들은 후 방으로 들어온 페기도 문을 두드리는 듯한 소리를 들었다. 그리고 서랍장이 45센티미터가량 옆으로 이동하는 것을 목격했다.

"믿을 수 없었어요. 두 번이나 밀어서 제자리로 돌려놓았더니 더 이상 움직이지 않더라고요."

훗날 페기는 당시를 회상하며 말했다. 겁에 질린 호지슨 가족은 노팅엄네 집에 도움을 청했다.

노팅엄 가족의 가장 빅이 달려왔을 때도 문을 두드리는 소리가 들렸다. 빅이 집 안을 돌아다니며 살폈으나 원인을 찾을 수 없었다. 빅의 아내 페기(우연히 호지슨 부인과 이름이 같았다)가 경찰에 신고 전화를 걸었다.

오전 1시경, 남녀 2인조 경찰관이 신고를 받고 출동했다. 이번에도 문을 두드리는 소리가 들렸다. 여자 경찰관 캐럴린 힙스는 의자가 거실 바닥을 미끄러져 120센티미터 정도 이동하는 모습을 목격했다. 두 사람은 경찰이 관여할 만한 사건이 아니라고 판단해 돌아갔다. 실제로 경찰이 할 수 있는 일은 아무것도 없었다.

며칠 후, 유리구슬과 레고 블록이 집 안에서 날아다녔다. 이때는 이웃 주민도 함께 있었다. 그 외에 호지슨 가족을 방문한 시청 공무원과 교회 관계자도 괴이한 현상을 목격했다.

9월 4일, 공포와 불안을 견디지 못한 페기는 도와줄 사람을 수소문하다가 언론 제보를 떠올렸다. 그리고 일간 타블로이드 신문《데일리 미러》에 전화를 걸어 자신이 겪고 있는 고통을 하소연했다.

취재 기자 더글러스 벤스와 촬영 기자 그레이엄 모리스가 취재를 위해 찾아왔다. 두 기자도 집 안을 날아다니는 유리구슬과 레고 블록을 목격했다. 그레이엄은 엄청난 속도로 날아온 레고 블록이 이마에 맞아 멍이 심하게 들었다. 두 기자는 호된 신고식을 치렀으나, 악령이 딸 재닛을 공중으로 들어 올리는 순간을 촬영하는 데 성공했다.

심령 현상 연구회 소속 모리스 그로스의 조사로 밝혀진 괴이한 사건들

《데일리 미러》는 심령 현상 연구회(The Society for Psychical Research, SPR)에 사건 조사를 의뢰했다. 협회는 모리스 그로스를 조사관으로 파견했다. 그로스는 전기기기에 관한 여러 특허를 보유한 발명가였다. 그는 사건이 발생하기 한 해 전 사랑하는 딸(우연인지 그의 막내딸 이름도 재닛이었다)을 오토바이 사고로 잃은 뒤 영혼에 관해 연구하기 시작했다.

9월 8일, 호지슨 가족의 집을 방문한 그로스는 괴이한 현상을 목격했다. 유리구슬이 공중을 날아다닌다는 목격담을 들었는데, 그 구슬이 구르지 않고 바닥에 착지하는 믿기지 않는 광경을 목격한 것이다. 문과 서랍이 멋대로 열리거나, 초인종 역할을 하던 문고리가 마구 흔들리거나, 숟가락과 종이상자, 수조 뚜껑이 튀어 올랐다. 현장에는 데일리 미러 소속 직원 네 명을 포함해 열 명이 동석했다. 충격을 받은 그로스는 작가이자 같은 심령 현상 연구회 회원인 가이 라이언 플레이페어에게 지원을 요청했다.

9월 12일, 플레이페어는 BBC 라디오4의 리포터를 동반하고 조사에 나섰다. 그 후로도 그로스와 플레이페어는 1년 넘게 총 180번 이상 호지슨 가족의 집을 방문했다. 그중 25번은 밤을 새워 감시했다. 꼼꼼한 그로스는 괴이한 모든 현상을 문서로 남겼다. 그 가운데에서 이틀 치 조사 결과를 담은 문서를 살펴보자.

1979년 4월 20일

4월 19일 밤중에 페기 노팅엄에게서 전화가 와 이튿날 0시 20분에 도착. 호지슨 부인과 두 아들은 뒤쪽 침실, 두 딸은 앞쪽 침실에 있었다. 뒤쪽 침실에 있던 서랍장이 혼자 움직이다가 쓰러졌다. 노팅엄 부인은 책이 날아왔을 때 뒤쪽 침실에 있었다. 앞쪽 침실에서 '목소리'가 들렸고, 몇 번이나 문을 두드리는 소리가 반복해서 들렸다. '정체불명의 목소리'가 물었다.

"뭐라고 했어?"

1시 40분에 집을 나섰다.

1979년 4월 23일

점심시간에 284번지(호지슨 가족의 집)에 도착. 호지슨 부인에게 물체가 침실 벽을 통과하는 순간 이동(teleportation)에 관해 물었다. (…) 내가 화장실에 들어간 사이 순간 이동한 두 개의 돌이 거실에 나타났다. 오후 1시 50분, 호지슨 댁을 나섰다. (…) 점심에 일어난 사건. 나를 노리고 엄청난 속도로 날아온 브러시가 주방 문을 정확하게 강타했다. 주방을 통과해 벽을 따라 날아온 사과가 내 어깨에 맞았다. 재닛과 빌리 둘 다 목소리를 분명하게 들었다. 조니가 소파 한쪽에 앉아 있고 호지슨 부인은 다른 쪽에 앉아 있었는데, 내 눈앞의 벽 옆에 있던 소파가 움직였다. 다시 소파는 조니 쪽에서 움직였다. (…) 내가 화장실에 간 사이 돌멩이 두 개가 복도에서 거실로 날아왔다. 호지슨 부인은 돌이 날아왔을 때 "모두 주방에 있었다"라고 증언했다. 큼직한 돌멩이를 주워 들었더니 따뜻했다. 그날 밤, 내가 돌아가기 전에 돌 두 개가 나타났다. 그중 하나는 점심에 날아온 돌과 같은 것이었다. (…) 18시 30분, 주방에 나이프가 두 차례 떨어졌다. 두 번째는 버컴 부인(호지슨 부인의 올캐)도 확실하게 목격했다. (…) 22시, 밖에 있던 자전거펌프가 벽을 통과해 침실로 순간이동했다. 침실에서 날아온 향수병이 바닥에 떨어져 깨졌다. 현미 시리얼 상자가 주방에서 이동해 시리얼이 침대 위에 우수수 쏟아졌다. (…) 23시, 녹음을 중지하자마자 바로 문을 두드리는 소리가 나기 시작했다.

엔필드 사건의 증인 30명에게서 수집한 140시간 분량의 녹음테이프와 500쪽에 달하는 기묘하고 놀라운 기록

엔필드 사건의 증인은 이웃 주민, 경찰관, 신문 기자, 촬영 기자, 학자 등 30명이 넘는다. 녹음된 테이프는 140시간, 테이프 녹취록을 포함한 기록 문서는 500쪽에 달한다. 그로스는 이 방대한 분량의 자료야말로 엔필드 사건이 진실인 증거라고 주장했다. 그로스가 적은 기록 일부를 소개한다.

나는 유리구슬과 플라스틱 파편이 이상한 궤도를 그리며 놀라운 속도로 날아다니는 모습을 똑똑히 보았다. 물체는 높이 1.5~2미터 벽과 창에서 나타났다.

어느 날 저녁 주방에 앉아 있었는데, 가스스토브 위에 두었던 찻주전자가 덜컥덜컥 소리를 내며 진동하더니 아래위로 튀어 올랐다. 그때 주방에는 나 혼자뿐이었다.

침대 발치에 있던 테이블 램프가 45도로 기울어졌다. 램프는 아무도 손이 닿지 않는 위치에 있었다. 그런데 몇 초 후 뒤로 가더니, 수평이 되었다가 다시 원래 위치로 돌아왔다.

화장실 문이 몇 번이나 저절로 열렸다가 닫혔다. 화장실에는 아무도 없었다.

내가 소통을 시도했을 때, 문을 두드리는 '미지의 존재'가 쿠션과 부드러운 장난감이 들어 있는 종이상자를 나에게 던졌다. 이 현상은 침실에서 발생했고, 다른 가족은 침대 위에서 지켜보고 있었다.

나는 침실 문을 밀면서 서 있었다. 그러자 멀리서 슬리퍼가 날아와 내 머리 바로 옆의 문을 정확하게 때렸다.

증서가 들어 있는 플라스틱 액자가 내 뒤쪽 벽에서 미끄러지며 떨어졌다. 그 현상이 일어났을 때는 그 방에 나 말고 아무도 없었다. 가족은 각자 침대에 있었고, 제일 가까운 사람도 약 2.5미터 떨어져 있었다.

침실에 있던 카펫 모서리가 홱 뒤집혔는데, 뒤집힐 때마다 같은 모양으로 접혔다. 내가 직접 뒤집어보려 했으나 도저히 같은 모양을 만들 수 없었다.

나는 거실 소파 앞에 30센티미터 정도 떨어져 서 있었다. 거실에는 여덟 명인가 아홉 명이 있었는데, 아무도 앉아 있지 않았다. 그때 갑자기 소파가 수직으로 1.2미터 높이로 떠오르더니 뒤집혀서 바닥으로 떨어졌다.

나는 팔걸이의자에 앉아 있던 재닛이 떠오르고, 재닛이 앉아 있던 쿠션이 방 한가운데로 옮겨오는 모습을 목격했다. 재닛은 그대로 옆으로 네 걸음 정도 움직였다. 그 현상이 발생했을 때, 나는 재닛과 마주 본 채 이야기하고 있었다.

나는 버컴 씨가 앉아 있던 의자가 휙 잡아당겨지고 180도 회전해 바닥으로 쓰러지는 광경을 분명하게 목격했다. 회전 속도가 엄청나게 빨랐다.

거실 벽에 고정된 초인종 역할을 하는 문고리가 흔들렸다. 이런 일이 몇 번이나 반복되었다.

내가 침실에 서 있을 때, 머리 위에 종이 냅킨이 떨어졌다. 냅킨은 아주 천천히 조용히 나부끼며 내 머리 위에 내려앉았다.

마거릿이 누군가에게 발목 잡혀 한쪽 다리가 공중에 떠 있을 때 노팅엄 부인과 나는 마거릿을 끌어내릴 수 없었다. 마거릿은 한쪽 다리로 선 채 아무것도 잡지 않았다. 우리가 마거릿을 잡아끌어 가까스로 보이지 않는 손에서 해방되었다.

1페니 동전 두 개가 아무도 튕기지 않았는데 수직으로 날아 내 옆 바닥으로 떨어졌다.

이 밖에도 화장실에서 물이 저절로 흐르거나, 책장에서 책이 빠른 속도로 날아오거나, 백발 노파와 어린아이의 유령이 몇 차례 목격되었다.

“왜 재닛 머리 위에서 자나요?”

“내 침대니까!”

엔필드 사건에서는 재닛에게 빙의한 영혼에 가장 큰 관심이 집중되었다. 영혼은 그녀의 입을 빌려 굵직하고 갈라진 목소리로 때로는 몇 시간씩 떠들어댔다. 이 현상은 최초의 사건이 발생하고 나서 3개월이 지난 1977년 12월에 일어났다. 처음에는 기묘한 휘파람 소리 같거나 개가 짖는 듯한 소리였는데, 차츰 인간의 목소리로 변했다고 한다.

자신의 목소리로 말하던 재닛이 도중에 거칠고 상스러운 말투를 사용하는 남성의 목소리로 변한 적도 있다. 그 목소리는 재닛이 전혀 모르는 내용의 이야기를 쏟아냈다. 그로스가 조사 과정에서 재닛의 입을 테이프로 막거나 입안에 물을 머금고 있게 해서 조작을 방지했으나 목소리는 멈추지 않았다. 또 언어 치료사가 재닛의 뒤통수에 마이크를 대고 목소리가 어디에서 나오는지 규명하려고 했으나, 목소리의 소재를 밝히지 못했다. 다만 가성을 사용한 발성과 비슷하다는 정도만 알아냈다.

가성은 성대 돌기 위에 있는 점막의 주름을 사용해서 내는데, 평소 발성할 때는 이 주름을 사용하지 않는다. 호통치는 소리나 헤비메탈 가수들의 내지르는 듯한 창법 등에 가성을 사용한다. 습관적으로 가성을 사용하면 만성적인 염증을 일으켜 목소리가 갈라진다. 그러나 재닛은 목 통증 등의 증상을 보이지 않아 이에 해당하지 않는다.

그로스는 가성을 사용해 세 시간씩 대화할 수 있는 열한 살 소녀가 있다면 1,000파운드의 사례금을 지급하겠다며 대대적으로 지원자를 모집했으나 아무도 나서지 않았다.

옆에 있던 사람과 영혼의 대화 기록이 남아 있어 짤막하게 소개한다.

"지금 당신이 방 안에서 어디에 있는지 알려주실 수 있나요?"
"재닛 머리 위."
"왜 재닛 머리 위에서 자나요?"
"내 침대니까!"

다른 대화에서는 영혼이 자신의 존재에 관해 언급했다.

"재닛은 왜 당신을 느낄 수 없나요?"
"나의 존재는 눈에 보이지 않으니까."
"왜 눈에 보이지 않습니까?"
"나는 유령이니까."

어느 날 텔레비전 방송국 취재진이 신원을 밝혀달라고 요청했다.

"빌 윌킨스, 일흔두 살에 죽었다."

영혼이 대답했다. 그로스의 아들 리처드가 사인에 관해 재차 물었다.

"눈이 보이지 않게 되고, 출혈 증상이 발생해 의식을 잃고 아래층 의자에서 죽었다."

영혼이 대답했다.

나중에 윌킨스의 아들 테리가 대화 내용이 사실이라고 확인해 주었다. 물론 재닛은 사전에 윌킨스라는 이름과 그의 사인을 알지 못했다.

노벨상을 두 번이나 수상한 위대한 과학자 마리 퀴리와 『셜록 홈스』의 작가 아서 코넌 도일도 SPR 회원이었다는데?

엔필드 사건을 조사한 심령 현상 연구회(SPR)는 1882년에 케임브리지 대학교 트리니티 칼리지 기숙사 대표 세 명이 설립한 비영리 법인이다. 심령 현상과 초상 현상(paranormal phenomena, 초능력 또는 심령 현상처럼 일상 경험이나 논리로 설명할 수 없는 현상)의 진상을 과학적으로 규명하기 위해 설립되었다. 연구 주제는 텔레파시, 최면술, 영매, 교령술(강신술) 등 어딘가 수상쩍어 보이지만, 역대 회장을 보면 SPR이 권위 있는 단체임을 알 수 있다.

초대 회장 헨리 시지윅(Henry Sidgwick, 1838~1900)은 일반에 잘 알려지지 않았으나 케임브리지 대학교에서 펠로 칭호를 받은 저명한 철학자이자 윤리학자였다. 또 나중에 백작이 되는 아서 밸푸어(Arthur Balfour) 경은 총리를 역임했다. 외무부 장관 당시 제1차 세계대전 후 팔레스타인에 유대인 거주지를 건설하겠다고 약속한 '밸푸어 선언'으로 역사에 이름을 남긴 사람이다. 원래 학구파였던 밸푸어가 정치보다 철학을 선호했으며 SPR 회장을 지냈다는 사실은 잘 알려지지 않았다.

밸푸어 다음으로 회장 자리에 오른 윌리엄 제임스(William James)는 '실용주의' 사조를 제창한 철학자로 하버드 대학교 교수를 지냈다. 그는 초상 현상에 관심을 드러내며 "믿고 싶은 사람에게는 충분히 믿을 수 있는 재료를 제공하지만, 믿지 않는 사람까지 믿게 만들 증거는 없다. 본질적으로 초상 현상의 해명에는 이러한 한계가 있다"라고 말했다. 이는 '윌리엄 제임스의 법칙'으로 알려져 있다.

많은 과학자가 SPR과 인연을 맺었다. 윌리엄 제임스 다음으로 회장이 된 윌리엄 크룩스(William Crookes)는 탈륨을 발견한 과학자이고, 올리버 로지(Oliver Lodge)는 전자파 검출 장치인 코히러 coherer)와 점화 플러그를 발명한 물리학자다. 노벨상 수상자 목록에 이름을 올린 회장도 여럿 있다. '알레르기 연구의 아버지'

로 일컬어지는 샤를 리셰(Charles Richet, 생리의학상), 아르곤을 발견한 레일리 경(John William Strutt, 3rd Baron Rayleigh, 물리학상), 합리주의에 반기를 든 '생철학'을 주장한 앙리 베르그송(Henri Bergson, 문학상) 등 쟁쟁한 인물들이 회장직을 맡았다. 노벨 물리학상과 화학상을 모두 거머쥔 마리 퀴리(Marie Curie)와 『이상한 나라의 앨리스』의 저자 루이스 캐럴(Lewis Carroll), 『셜록 홈스』 시리즈를 쓴 아서 코넌 도일(Arthur Conan Doyle)도 SPR 회원이었다.

SPR은 심령 현상을 단순히 긍정한 단체가 아니었다. 그 현상의 본질이 무엇인지 엄격하게 검증하고 많은 영매 실험으로 속임수를 폭로해 오히려 영혼의 존재를 믿는 심령주의자에게 반발을 샀다. 19세기 말에 심령 열풍이 종말을 맞이하자 협회 활동도 미진해졌다. 영혼의 존재를 과학적으로 규명하고자 하는 이념은 엔필드 사건 조사에 참여했던 그로스와 플레이페어도 확실하게 계승하고 있었다.

차츰 밝혀지는 워런 부부를 둘러싼 은밀한 진실

엔필드 사건을 조사한 플레이페어는 1935년 인도에서 태어났다. 그는 케임브리지 대학교에서 현대언어학을 공부한 뒤 브라질로 이주했다. 그리고 《이코노미스트(The Economist)》, 《타임스

(The Times)》, 《가디언(The Guardian)》 등의 잡지와 신문, AP통신 등에서 프리랜서 저널리스트로 일하던 1960년대 후반 영 능력자를 만나 심령 현상에 관심을 갖게 되었다. 1973년 상파울루의 아파트에서 발생한 폴터가이스트 현상을 독자적으로 조사한 뒤 같은 해 SPR에 가입했다.

플레이페어는 쌍둥이의 텔레파시에 관해 기술한 『쌍둥이 텔레파시(Twin Telepathy)』 등 10권이 넘는 책을 출간했다. 그 가운데 가장 유명한 책은 엔필드 사건을 다룬 『이 집은 귀신에 씌었다: 엔필드 폴터가이스트 사건의 진실한 이야기(This House is Haunted: The True Story of the Enfield Poltergeist)』다. 이 책은 9만 8,000부 넘게 팔렸다. 이 사건에서 플레이페어는 그로스와 함께 착실하게 조사를 진행하고, 194쪽에 달하는 보고서를 작성했다.

플레이페어는 2016년 7월 1일 데이브 슈레이더가 진행하는 라디오 프로그램 〈사막에서의 한밤중(MIDNIGHT in the DESERT)〉의 인터뷰에 응했다. 인터뷰에서 그는 영화 〈컨저링〉의 주인공 모델로, 제3화 「실제로 존재했던 저주받은 인형 애나벨」에서 다룬 워런 부부에 관해 이야기했다. 인터뷰 내용을 잠깐 들여다보자.

슈레이더 플레이페어 씨는 워런 부부와 친분이 있으니, 부부의 조사와 업적에 관해서도 잘 알고 계시겠죠. 이 부부가 SPR과 함께 활동한 적이 있나요?

플레이페어 아니요……. (남편인) 에드 워런에게는 전혀 감명받지 못했습니다. (웃음) 아내인 로레인은 아직 살아 있어 코멘트를 삼가겠지만, 그녀는 무척이나 유쾌한 사람이었습니다. 부부는 엔필드에 한 차례 모습을 드러낸 적이 있습니다. 하지만 에드가 저에게 한 말 중에 제가 기억하는 것은 "이 사건으로 떼돈을 벌게 해드리죠"라는 말 정도입니다. 저는 당시 그 말 한마디로 그의 실체를 충분히 알았다고 생각해 최대한 빨리 부부와 거리를 두려고 노력했습니다……. 그는…… 확실히 딱 한 번밖에 오지 않았습니다. 또 한 소녀와 이야기했다는 긴 인터뷰 기사 사본을 읽은 적이 있는데, 소녀는 그 사실을 기억하지 못했고, 실제로 일어난 일은 우리의 상상을 벗어나는 불가사의한 일이 아니었습니다. 해당 기사에는 그런 내용이 적혀 있지 않았습니다. 그는 완전히…… 그러니까(웃음)…… 뭐라고 말해야 좋을까요.

슈레이더 ……부부가 조사에 최선을 다했다고는 생각하지 않으시는군요?

플레이페어 네, 워런 부부는 그저 돈벌이에 혈안이 되어 있었어요.

슈레이더 ……그렇다면 에드나 로레인은 이 사건에 관해 상담에 응하거나, 조사에 나서거나 목격자에게 사건을 청취하거나, 직접 현장을 확인하러 간 적이 있습니까?

플레이페어 전혀 없습니다. 엔필드 사건 관련자 중 그 부부에 관해 언급한 사람은 없었습니다. 에드가 (호지슨 가족의 집에) 나타날 때까지 가족 누구도 그가 온다는 소식을 듣지 못했으니까요…….

슈레이더 맙소사, 그렇다면 설마 부르지도 않았는데 멋대로 왔단 말인가요?

플레이페어 에드는 자신이 누구인지 말했죠. 하지만 두 번 다시 오지 않았습니다. 그리고 우리는 그를 잊었고요.

슈레이더 초대도 하지 않았는데, 이 이야기에 자신을 은근슬쩍 끼워 넣으려고 그가 현장에 들이닥쳤단 말이군요?!

플레이페어 네, 제 기억으로는 그렇습니다.

엔필드 폴터가이스트 현상은 왜 1979년 9월 갑자기 멈추었을까?

과연 호지슨 가족의 집에서 발생한 폴터가이스트 현상은 진짜일까? 먼저 재닛의 기행은 사춘기에 흔히 있는 호르몬 불균형, 심인성 스트레스에서 비롯된 에너지 발산, 뇌 병변 등의 요인을 의심할 수 있다. 또 투렛 증후군(Tourette syndrome)의 가능성도 염두에 둘 수 있다. 투렛 증후군은 '틱'이라고 부르는 증상이 주로 나타나는 난치성 질환으로, 얼굴 찡그림, 고개 흔들기 등의 운동 틱 증상이 심해지면 박수, 팔다리 경련, 점프를 반복하는 증상이 나타날 수 있다. 또 "음~" 등의 특정 소리, 코 킁킁대기, 눈 깜

빡임 등이 다른 사람의 말을 앵무새처럼 따라 하는 반향 언어증(echolalia), 욕설, 반사회적 표현, 성과 관련된 음란한 표현, 배설물 등 상대방을 모욕하는 단어나 문장을 되풀이해서 말하는 모욕증(coprolalia)으로 발전하는 사례도 있다. 그러나 검사 결과 재닛은 어느 것에도 해당하지 않는다는 소견이 나왔다.

이어서 재닛, 마거릿, 어머니인 페기가 한통속이 되어 광기 어린 연극을 펼쳤다는 의혹이 제기되었다. 재닛은 가끔 아이들이 어른을 놀리듯 장난을 치기도 했으나, 본인의 주장에 따르면 장난은 전체의 2퍼센트 정도였다. 또 페기가 돈 욕심에 소동을 벌였다는 소문도 있었는데, 그녀는 평생 같은 집에서 살았고 이 사건으로 돈을 벌지 못했다.

조사를 담당한 그로스는 폴터가이스트 현상이 진짜라고 믿을 이유를 찾아냈던 모양이다. 앞에서 그로스의 이력을 잠시 이야기했는데, 그로스는 딸을 사고로 잃고 SPR에 가입했다. 그는 딸의 죽음을 받아들이지 못하고 영혼이라도 좋으니 딸과 만나기를 간절히 원했다. 그로스는 만약 영혼이 존재한다면 딸이 무슨 수단을 쓰든 장례식 날 자신에게 연락하리라는 간절한 믿음을 품고 있었다.

그 무렵, 몇 주 동안이나 비가 내리지 않았는데 딸이 비를 내리게 할 거라고 믿었더니 장례식 당일에 딸 방의 퇴창만 젖어 있었다는 이야기도 있다. 그 밖에도 그로스는 딸이 자신의 존재를 알리기 위해 벌인 일이라고 추정할 수 있는 신비한 우연을 몇 차례 경험했다.

불가사의한 사건을 몇 번이나 겪으며 그로스는 폴터가이스트 현상이 딸과 관련 있을 수 있다고 여겼다. 그는 네덜란드 출신 영매인 도노 흐멜리흐메일링을 엔필드로 불렀다. 메일링은 물체를 만지면 그 물체에 남은 사람의 기억을 읽는 초능력이 있다고 주장하는 영매였다. 영매는 딸의 영혼이 관여하고 있다고 말했다. 실제로 호지슨 가족의 집에는 아이들의 영혼이 여럿 나타났다. 그러나 엔필드 폴터가이스트 현상은 1979년 9월에 갑자기 멈추었고, 사건의 진상을 밝혀내지 못한 채 막을 내렸다.

베넷 가족이 이사 온 뒤에도 불길한 기운이 이어진 페기의 집

페기는 2003년에 이 집에서 영원한 안식에 들었다. 그녀는 사건이 종식되자 굳게 입을 닫았으나 평생 자신이 경험한 현상을 진실이라고 믿었다. 큰아들 조니는 1981년에 열네 살 나이로 세상을 등졌다. 재닛은 열여섯 살에 가출한 뒤 이른 결혼을 해 아들을 낳았는데, 그 아들이 열여덟 살에 죽었다.

사건을 조사한 그로스는 2006년에 세상을 떠났다. 또 한 사람의 조사관이었던 플레이페어는 앞에서 소개한 라디오 인터뷰를 하고 2년 뒤 2018년 4월 8일 아침에 여든세 살 나이로 눈을 감았다. 마침 BBC 라디오4가 엔필드 사건의 진상을 재방송한 날이었다.

페기가 고인이 된 후, 클레어 베넷 가족이 이 집으로 이사 왔다. 클레어는 훗날 다음과 같이 말했다.

"저는 아무것도 보지 못했지만 불길한 기운을 느꼈어요. 집에서 알 수 없는 존재의 존재감을 느낄 때가 있었어요. 누군가 끊임없이 저를 보고 있는 기분이었죠. 아들이 밤중에 깨어 아래층에서 말하는 소리가 들린다고 말한 적도 있어요."

클레어는 나중에야 이 집에 얽힌 역사를 알고 자신이 느낀 불길한 기운의 정체를 깨달았다. 그리고 2개월 후 이사했다. 이 집에는 다른 가족이 살고 있으며, 현재 거주 중인 가족의 어머니는 다음과 같이 이야기했다.

"우리 집 아이들한테는 이 집의 과거를 알리지 않았어요. 겁을 주고 싶지 않거든요……."

⑤

세 명의 어린이에게 지속적으로 나타난
파티마의 기적

양을 치던 세 명의 어린이에게 성모 마리아가 여섯 번이나 찾아오다

'파티마의 기적'이라고 불리는 현상은 가톨릭교회의 중심지 바티칸(로마 교황청)이 '성모 발현'을 정식으로 공인한 기적이다. 그 점에서 단순한 도시기담과는 격이 다름을 미리 밝혀둔다.

이 현상은 1917년 포르투갈의 수도 리스본에서 북쪽으로 약 120킬로미터 떨어진 인구 1만 명가량의 농촌 파티마에서 일어났다. 양을 치던 세 명의 어린이가 여섯 차례에 걸쳐 성모 마리아에게서 계시를 받았는데, 이것을 '파티마의 기적'이라고 부른다(그 중 세 번째 발현인 '태양의 기적'이 유명하다).

세 사람 중 가장 나이가 많은 루치아 도스 산투스가 열 살, 사촌으로 세 어린이 중 유일한 남자 프란치스코 마르투가 아홉 살, 프란치스코의 여동생 히야친타가 일곱 살로 어린아이들이어서 사람들은 이 기적을 좀처럼 믿지 않았다.

이 현상은 성모 발현 2년 전부터 시작되었다. 1915년에 천사가 루치아를 방문했다. 천사는 눈처럼 희고 환하게 빛나는 소녀의 모습으로 나타났는데, 이때는 아무 말도 하지 않았다.

이듬해인 1916년 봄에 세 아이는 양을 치며 점심을 먹은 후 성모 마리아에게 묵주 기도를 드렸는데, 그 직후 천사가 올리브 나무 위에 나타났다. 천사는 "나와 함께 기도하자"라고 말했다. 세 아이는 놀라서 입도 벙긋하지 못했다. 그러자 천사는 "두려워하지 마라. 나는 평화의 천사다"라며 아이들을 안심시켜주었다.

그리고 천사는 아이들에게 어떻게 기도하는지 직접 시범을 보여주었다. 천사는 땅에 무릎을 꿇고 이마가 땅에 닿을 정도로 고개를 깊숙이 숙인 채 읊조렸다.

"나의 하느님, 저는 당신을 믿고 찬미하며, 소망하고, 사랑합니다. 당신을 믿지 않는 사람들과 찬미하지 않는 사람들과 소망하지 않는 사람들과 사랑하지 않는 사람들을 용서해주소서."

천사는 같은 기도를 세 번 반복했다.

"똑같이 기도하라."

천사는 아이들에게 기도하라고 당부한 뒤 사라졌다.

천사는 여름 무더위가 한창일 때 다시 나타났다.

성모 마리아의 계시를 받은 세 어린이. 오른쪽부터 루치아, 프란치스코, 히야친타

"더 열심히 기도하라. 그리고 너희의 희생도 바쳐라."

점심을 먹고 낮잠을 자려던 세 아이에게 나타난 천사가 꾸짖듯 준엄하게 말했다. 그러고는 예수 그리스도와 성모 마리아가 아이들을 위해 '거룩한 계획'을 가지고 계신다고 밝혔다.

가을의 문턱을 넘어서고 얼마 지나지 않았을 무렵, 천사가 세 번째로 아이들을 방문했다. 천사는 무릎을 꿇고 기도를 가르쳐주었다.

"지극히 거룩하신 성부, 성자, 성령이시여, 당신을 찬미합니다. 세상의 모든 감실 안에 계시는 거룩하신 몸이시여, 그리스도의 거룩하시고 귀하신 몸과 피, 주님을 업신여기는 사람들과 무관심, 우상 숭배자들의 마음을 당신의 자비로 바르게 고쳐주시도록 기도드립니다."

천사는 기도를 바치고 나서 성체(빵)를 루치아에게, 성체 성사용 잔에 든 예수의 피(포도주)를 프란치스코와 히야친타에게 주었다. 세 번에 걸친 천사의 발현은 아이들이 성모 마리아에게 계시를 받기 위한, 말하자면 몸풀기 단계였을 수도 있다.

왜 루치아만 성모 마리아와 대화를 나누었을까?

1917년 5월 13일 일요일, 성모 마리아가 최초로 세 아이 앞에 모습을 드러냈다.

세 아이는 아침 일찍 성당에서 미사를 드린 뒤 양을 몰고 가까운 코바 다 이리아 언덕으로 갔다. 그리고 평소처럼 야외에서 점심을 먹은 뒤 묵주 기도를 드리고 언덕 위에서 노는데, 갑자기 하늘에서 번개가 쳤다.

세 아이는 소나기가 쏟아지기 전에 서둘러 돌아가려고 했다. 그런데 언덕 중턱에 세워진 털가시나무 위에 하얀 옷을 걸친 여인이 온몸에서 번쩍번쩍 빛을 내뿜으며 둥둥 떠 있었다. 그 빛은 햇빛보다 더 눈부셨다.

여인은 아이들이 겁먹지 않게 배려하며 자신은 하늘에서 온 사람이라고 알려주었다.

"앞으로 6개월 동안 매달 13일날 같은 시각에 여기로 오너라."

그러고는 자신이 누구이고 무엇을 바라는지는 나중에 이야기해준다고 말했는데, 아이들은 더 들을 것도 없이 성모임을 직감했다.

"저는 천국에 가나요?"

루치아가 물었다.

"셋 모두 천국에 가는데, 프란치스코는 묵주 기도를 더 열심히 드려야 한단다."

루치아의 물음에 성모가 대답해주었다.

"너희는 하느님의 마음을 상하게 한 많은 죄를 대신 갚음으로

써 지옥으로 가는 발걸음을 내딛는 중 많은 죄인을 회개시키고, 티 없이 맑으신 마리아의 성심을 거스르고 그 성심을 상하게 한 모든 죄를 갚기 위해 기꺼운 마음으로 희생하고 하느님께 자신을 바치며, 하느님께서 내리시는 모든 고통을 기꺼이 감내할 수 있겠느냐?"

성모의 질문에 루치아는 모두를 대표해 그리하겠다고 맹세했다. 성모는 루치아가 고통스럽더라도 하느님의 은총이 함께할 것이라고 말하며, 양손을 펼쳐 강렬한 빛을 아이들에게 비춰주었다.

이후 10분가량 지났는데, 오직 루치아만 성모와 대화를 나눌 수 있었다. 히야친타는 목소리가 들리는데 말할 수 없었고, 프란치스코는 모습이 보이는데 목소리가 들리지 않았다.

루치아가 두 번 다시 성모 마리아를 만나지 않겠다고 다짐한 이유

성모 마리아는 6월 13일 수요일에 두 번째로 발현했다. 이날은 파티마의 수호성인 성 안토니오 축일이었다. 코바 다 이리아에는 세 아이에게서 성모 발현 소식을 들은 마을 사람이 50명 정도 모여 있었다.

세 아이가 묵주 기도를 바치자 눈부신 빛이 다가왔다. 그리고 지난번처럼 털가시나무 위에 성모 마리아가 발현했다.

"저에게 무엇을 바라십니까?"

루치아가 성모에게 물었다.

성모는 매달 13일에 이곳으로 오고, 빠뜨리지 말고 매일 묵주 기도를 드리며, 읽기와 쓰기를 공부하라는 세 가지 약속을 당부한 뒤, 진짜 바람은 나중에 이야기하겠다고 말했다.

"저희 세 사람을 천국으로 데려가주세요."

루치아가 말했다.

"프란치스코와 히야친타는 곧 천국으로 인도될 것이나 루치아는 티 없이 순결한 성모에 대한 믿음을 세상에 알릴 사명이 있느니라."

성모가 말했다.

"예수께서는 모든 사람에게 성모의 존재가 알려지고 사랑받을 수 있도록 루치아 너를 택하셨다. 그러니 루치아 너는 세상에 오래도록 머물러야 한다."

읽고 쓰기는 루치아가 받은 사명을 완수하는 데 필요한 능력이었다. 바로 천사가 이전에 말한 '거룩한 계획'이었다.

현장에 있던 마을 사람들은 성모의 모습을 보지 못했고 목소리도 들을 수 없었다. 그러나 루치아가 "성모님이 오셨어요!"라고 외친 순간 "로켓이 발사되는 듯한 소리를 들었다", "나뭇가지가 동쪽으로 나부끼는 모습을 보았다", "하늘에 뜬 작은 구름이 동쪽으로 흘러가는 모습을 보았다"라고 증언하는 사람이 속출했다.

그러나 이후 루치아를 비난하는 목소리가 높아졌다. 루치아의 어머니와 자매조차 그녀의 말에 전혀 귀를 기울여주지 않았으며, 교구 주임 사제인 페레이라 신부는 악마의 소행이라고 판정했다. 루치아 자신도 불신감이 싹터 두 번 다시 성모를 만나지 않겠다고 다짐했다.

성모 마리아의 세 번째 발현
— "티 없이 깨끗하신 성모를 위해 러시아를 봉헌하라"

성모 마리아는 7월 13일 금요일에 세 번째로 발현했다. 루치아는 한 차례 좌절을 겪었으나 위대한 힘이 그녀를 일으켜 세웠다. 프란치스코와 히야친타도 용기를 내어 루치아를 지지하며 그녀의 버팀목이 되어주었다. 세 아이는 코바 다 이리아 언덕으로 나섰다. 이전보다 구경꾼이 늘어나 1,000~2,000명의 군중이 현장에 모여들었다.

성모는 아이들에게 약속한 시간에 나타났다. 루치아가 다시 성모의 바람이 무엇인지 물었다.

"앞으로 매달 13일에 여기로 오너라. 그리고 전쟁(제1차 세계대전)을 끝내기 위해 성모의 이름을 부르며 쉬지 말고 묵주 기도를 드리거라."

성모가 말했다.

"당신은 누구십니까? 당신의 발현을 모든 사람이 믿을 수 있도록 기적을 보여주십시오."

아무도 자신을 믿어주지 않아 궁지에 몰렸던 루치아가 간절히 애원했다. 그러자 성모는 10월이 되면 자신이 누구인지 무엇을 바라는지 밝히고, 모든 사람이 믿을 수 있도록 기적을 보여주겠다고 약속했다.

세 번째 발현은 성모가 예언한 기적 말고도 여러 의미에서 중요성이 있다. 성모는 죄인을 위해 자신을 희생하고, 어떻게 기도해야 할지 가르쳐주며 세 아이를 향해 양손을 펴 보였는데, 세 아이는 이 빛 속에서 불바다가 된 지옥을 보았다. 지옥에서는 지옥 불에 태워지는 사탄과 인간의 형상을 한 시커먼 영혼들이 공포에 떨면서 단말마의 비명을 내지르고 신음했다. 성모는 아이들에게 지옥은 만들어낸 이야기가 아니라 실제로 존재하는 곳임을 보여주었다.

성모는 믿음을 널리 알려 많은 영혼을 구원하고 전쟁이 종식되어 평화로운 세상이 온다고 말했다. 하지만 사람들이 이대로 하느님에게 등을 돌리고 회개하지 않는다면 다음 교황(비오 11세) 시대에 또 한 번 전쟁이 일어날 거라고 예언했다.

"미지의 빛으로 밝혀지는 밤을 보거든 하느님이 주신 크나큰 징표인 줄 알거라."

성모는 암시하는 말로 미래를 예언했다.

"하느님은 이 죄 많은 세상을 벌하실 것이다. 사람들은 전쟁, 기아, 교회와 교황에 대한 박해 등 온갖 죄를 저지르고 있다. 그러나 예수와 나는 사람들을 벌하지 않고 세상을 구원하고 싶다."

성모는 세상을 구원하고 싶다면 두 가지 약속을 지키라고 당부했다.

"티 없이 깨끗하신 성모를 위해 러시아를 봉헌하라."

"속죄를 위해 매달 첫째 토요일 성체 성사를 드려라."

만약 이 두 가지를 지킨다면 평화로운 시대가 오고, 어긴다면 러시아는 전쟁을 일으키고 교회를 박해하며, 그 허물을 만방에 알릴 것이다. 그리하면 선한 사람들은 순교할 것이고, 교황은 고통을 겪을 것이며, 여러 민족이 전멸할 것이라고 예언했다.

러시아는 러시아 제국을 가리킨다. 당시는 제1차 세계대전 중이어서 러시아는 연합국 측에 가담해 독일과 격렬한 전투를 되풀이하고, 러시아 국내에서는 혁명의 기운이 고조되고 있었다.

성모 마리아는 이때 아이들에게 '세 가지 비밀'을 밝혔는데, 당시 실제로 무슨 일이 있었는지는 여전히 베일에 싸여 있다. 아무튼 성모는 "하지만 마지막에는 나의 티 없는 성심이 승리하리라"라고 선언함으로써 희망을 불어넣어주었다.

프리메이슨 단원이자 행정관을 지낸
자유주의자 산투스는 왜 성모 마리아의
네 번째 발현을 방해했을까?

성모 마리아의 네 번째 발현은 8월 13일 월요일이어야 했다. 그러나 당일 아침에 프리메이슨 단원으로 시 행정관을 지낸 자유주의자 아르투르 데 올리베이라 산투스(Artur de Oliveira Santos)가 세 아이를 유괴했다. 산투스는 성모 발현이 아이들을 이용한 교회의 음모라 확신하고 아이들에게 자백을 받아내려 했다.

"진실을 말해주면 돈과 금줄이 달린 시계를 주겠다."

산투스는 금품으로 아이들을 회유했으나 세 아이는 성모를 보았다는 주장을 굽히지 않았다. 애가 탄 산투스는 세 아이를 흉악범들이 있는 감옥에 가둬버렸다.

"한 사람씩 산 채로 펄펄 끓는 기름에 넣어버릴 테다."

산투스는 으름장을 놓으며 겁을 주었으나 아이들은 살려달라고 애걸하기는커녕 비장한 표정으로 순교를 각오한 듯했다. 이쯤 되자 산투스도 포기할 수밖에 없었다.

이날 세 아이는 없었지만 약 2만 명의 군중이 기도를 드리고 성가를 부르며 성모 발현을 기다렸다. 이윽고 털가시나무 위에 하얀 구름이 나타나더니 곧바로 하늘로 사라졌다. 군중은 번개와 천둥과 무지개라는 불가사의한 자연현상을 목격했다. 누구도 성모의 모습을 보지 못했으나 신기하게도 경건한 마음이 충만해졌다.

그리고 엿새가 지난 8월 19일 일요일, 세 아이는 아침 미사를 마친 뒤 코바 다 이리아 언덕으로 나갔다. 이때 성모 마리아가 네 번째로 발현했다. 성모는 다음 달 13일에 오라고 당부하며 마지막으로 10월에 기적을 보여주겠다고 약속했다.

3만 명이 운집한 가운데 이루어진 성모 마리아의 다섯 번째 발현과 놀라운 기적

다섯 번째 발현에 해당하는 9월 13일 목요일에는 약 3만 명의 순례자가 운집했다. 그중에는 나중에 추기경이 되는 주앙 쿠아레즈마(João Quaresma) 신부도 있었다. 다 같이 무릎을 꿇고 묵주기도를 드리며 입을 모아 성모 마리아를 찬미했다. 그러자 맑게 갠 푸른 하늘에 빛나는 알 모양의 구체가 동쪽에서 서쪽을 향해 천천히 미끄러지듯 흘러가더니 갑자기 시야에서 사라졌다가 털가시나무 위에 나타났다. 그러자 사위가 황금색으로 물들었다.

잠시 후 성모 마리아가 나타났다.

"10월에 예수께서 오실 것이다."

그리고 카르멜산의 성모(성 시몬 스톡에게 나타나 카르멜산의 성모 스카풀라를 준 성모 마리아), 고통의 성모(성모 마리아가 겪은 일곱 가지 슬픔 또는 고통스러운 사건), 성 요셉(마리아의 남편으로 예수의 양아버지), 아기 예수도 함께 올 거라고 예언했다.

마지막으로, 모든 사람이 믿을 수 있는 기적을 보여준다는 약속도 잊지 않았다. 성모가 사라졌을 때, 빛나는 알 모양의 구체가 동쪽 하늘로 날아오르는 모습을 많은 사람이 목격했다. 그 직후 빛나는 둥근 꽃잎 같은 물체가 하늘에서 나풀나풀 눈처럼 떨어져 내렸다. 기묘하게도 그 물체는 지상으로 떨어지자 눈 녹듯 사라졌다.

성모 마리아의 여섯 번째 발현
— "이 자리에 성당을 세워라"

10월 13일 토요일, 드디어 성모 마리아가 여섯 번째 발현하는 날이 왔다. 전날부터 내리기 시작한 빗줄기가 거세져 폭우가 되었는데도 아랑곳하지 않고 이른 아침부터 순례자들이 구름처럼 모여들었다. 모여든 군중의 수가 5만~7만에 이르렀다. 그중에는 전날부터 들판에서 비를 맞으며 노숙한 사람도 있었다.

털가시나무 아래에서 루치아는 사람들에게 우산을 접고 묵주 기도를 드리자고 제안했다. 사람들은 비를 홀딱 맞으면서 진창에 무릎을 꿇었다. 굵은 빗방울이 쏟아져 눈을 제대로 뜨기 힘들 정도였다. 쏟아지는 빗줄기에 실눈으로 하늘을 올려다보니 번개가 치고 성모 마리아가 나타났다.

루치아가 성모에게 무엇을 바라시는지 물었다.

"이 자리에 성당을 세워라."

성모 마리아가 말했다. 그리고 전쟁은 머지않아 끝나고 군인들은 곧 고향으로 돌아갈 수 있다고 예언했다.

루치아는 병을 고쳐달라는 사람들의 간청을 성모에게 전했다.

"누군가는 낫겠지만 누군가는 낫지 않으리라. 회개하고 속죄해야 한다."

성모 마리아가 루치아에게 대답했다. 성모는 이야기를 마치자 양손을 크게 펼쳐, 눈이 부셔 바라볼 수 없을 정도로 밝은 빛을 태양을 향해 내뿜었다.

"태양을 보세요!"

즉시 루치아가 군중을 향해 큰 소리로 외쳤다. 그러자 내리던 비가 뚝 그치고 구름이 갈라지며 태양이 모습을 드러냈다. 그 순간, 사람들은 태양을 맨눈으로 볼 수 있었다. 회색빛 원반 같은 태양이 화차처럼 회전하며 사방으로 강렬한 광선을 내뿜었다. 빛은 알록달록한 색으로 변화하며 지상의 목초와 나무들, 사람들을 빨강, 노랑, 파랑, 보라색으로 물들였다.

회전을 멈추고 정지한 태양이 부들부들 떨듯이 흔들린 뒤 눈이 멀 정도로 밝은 빛을 내뿜으며 춤추기 시작했다. 그 후 태양은 지그재그로 춤추듯 움직이더니 군중의 머리 위로 곧추 떨어졌다. 사람들은 비명을 지르며 우왕좌왕 도망쳤다. 울부짖고 땅에 엎드려 참회 기도를 드리는 사람도 있었다.

기적은 10분가량 이어진 뒤 끝났다. 비에 쫄딱 젖었던 옷이 보송보송하게 말라 있었다. 이제 성모의 존재를 의심하는 사람은 없었다. 믿음이 없는 아주 소수의 사람은 이 현상을 어떻게 받아들여야 할지 몰라 당황했다. 그런데 희한하게도 세 아이는 이 기적을 보지 못했다.

성모 마리아가 사라진 뒤 아이들 앞에 성 요셉이 아기 예수를 데리고 나타났다. 그리고 이어서 고통의 성모가, 마지막으로 카르멜산의 성모가 모습을 드러내어 성모의 예언이 모두 현실에서 이루어졌다.

프란치스코는 과연 천국에 갔을까?

성모 마리아에게서 천국으로 데려다준다는 말을 들은 프란치스코는 여섯 번째 발현을 계기로 완전히 다른 아이가 되었다. 원래 내성적이고 다정한 성격이었던 소년은 성모와 하느님을 위로하고 싶다는 생각에 병자와 고통받는 사람들을 위해 기도했다. 자신을 희생하기 위해 식사와 물을 제한하는 고행을 자처하기도

했다. 고작 열 살이던 한창 장난꾸러기 소년이 한 해가 채 가기도 전에 독실한 믿음을 보여줄 정도로 성장했다.

"커서 뭐가 되고 싶니?"

아는 아주머니가 이런저런 직업을 하나하나 꼽으며 물었다.

"되고 싶은 게 없어요. 죽어서 천국에 가고 싶어요."

프란치스코가 대답했다.

1918년 10월부터 이듬해에 걸쳐 스페인 독감이 맹위를 떨쳤다. 전 세계에서 5억 명의 감염자가 발생했고, 그중 1,700만~1억 명이 사망한 것으로 추정된다. 프란치스코와 히야친타도 스페인 독감을 앓았다. 두 아이는 고열로 생사의 경계를 오갔다.

크리스마스 무렵, 두 아이 앞에 성모 마리아가 나타났다.

"드디어 프란치스코가 천국에 초대받을 때가 왔구나."

성모 마리아가 말했다. 프란치스코는 1월 중순에 일시적으로 회복해 털가시나무가 선 코바 다 이리아 언덕을 밟았다. 그는 이것이 마지막 방문임을 알게 되었다.

1919년 4월 2일, 프란치스코는 성체 성사를 받기 위해 고해 성사를 드리고 싶다고 교구 주교에게 요청했다. 고해 성사 후에는 예수의 피와 살이라는 포도주와 빵을 받아 소원을 이루었다. 그리고 이틀 후 평안한 마음으로 침대에 누워 미소를 띤 채 숨을 거두었다.

"문 쪽에 있는 저 아름다운 빛 좀 보세요."

그날 밤 그가 어머니에게 남긴 마지막 말이다. 소년은 이 세상에서 10년을 보내고 떠났다. 이튿날, 프란치스코의 시신은 파티마 묘지로 운구되었다. 루치아는 장례식에 참석했으나 히야친타는 스페인 독감에서 회복하지 못해 나올 수 없었다.

성모 마리아가 히야친타에게 내린 놀라운 계시

프란치스코의 여동생으로, 감수성이 풍부하고 정이 많은 히야친타는 성모를 통해 지옥 불 속에서 타고 있던 죄인들을 보고 나서 죄인의 회개를 위해 자신을 희생해야겠다고 맹세한 뒤 기도에 전념했다.

히야친타는 성모의 여섯 번째 발현에서 세상을 떠날 때까지 약 2년 동안 몇 번이나 성모의 계시를 받았다.

"더 많은 죄인을 회개시키고 싶니?"

프란치스코는 천국의 부름을 받았다고 알려준 날 성모가 물었다.

"네."

히야친타가 대답했다.

"너는 고통을 겪기 위해 두 병원에 가게 되리라."

히야친타는 주님을 위해, 교황님을 위해, 죄인을 위해 자신의 고통이 도움이 된다면 기꺼이 그리하겠다고 대답했다. 그리고 그녀는 더 많은 영혼을 지옥에서 구원해달라고 기도했다. 성모의 예언대로, 히야친타는 집에서 15킬로미터 떨어진 병원에 입원했다. 1919년 7월, 의사의 권유가 그 결정에 영향을 미쳤다. 한데 2개월 동안 치료를 받았으나 복부의 상처는 아물지 않았고 몸은 점점 야위어갔다. 열도 내리지 않아 걸을 수조차 없는 상태였으나 빠듯한 살림살이에 더는 입원비를 감당할 수 없었다.

12월이 되자 성모가 히야친타 앞에 나타났다.

"다시 리스본 병원에 입원해 그곳에서 혼자 쓸쓸히 죽어갈 것이다."

성모가 말했다.

"그러나 너를 천국으로 데려갈 테니 두려워하지 말지어다."

성모는 히야친타를 안심시켜주었다.

새해가 밝은 1월 중순, 리스본에서 찾아온 저명한 의사의 추천으로 히야친타는 리스본 병원에 입원했다. 파티마를 떠나며 그녀는 당나귀 등에 타고 코바 다 이리아 언덕을 방문했다. 그리고 루치아와 영원한 작별 인사를 나누었다.

리스본에 입원하기 전에 히야친타를 돌볼 예정이었던 사람이 고름이 차서 악취를 풍기는 그녀의 환부를 보고는 질색하며 거부했다. 몇 군데 돌아다닌 뒤 '기적의 성모'라는 보육원에서 그녀를 받아주었다. 히야친타는 그곳에서 미사를 드리고 성체 성사를 받으며 천상의 행복을 맛보았다.

히야친타는 입원해서 늑골 두 대를 제거하는 수술을 받았다. 수술 후에는 정신이 아득해질 정도로 극심한 통증에 시달렸으나 계시에 따라 자신이 언제 죽을지 알고 있었다.

2월 20일 저녁, 그녀는 교구 주교를 불러 종부 성사를 청하며 성체를 받아 모시고 싶다고 간청했다. 그러나 주교는 히야친타가 금방 숨이 넘어갈 사람이라고 생각하지 않아 그녀의 가장 큰 소원은 이루어지지 못했다. 이렇게 히야친타는 마지막 희생을 치르고 홀로 고독하게 짧은 생을 마감했다. 그녀의 나이 겨우 아홉 살이었다.

프란치스코와 히야친타 남매는 2000년에 시복(사후에 복자로 인정하는 행위)되었다. 그리고 2017년에 시성(복자를 성인 명단에 올리고 성인으로 인정하는 행위)되었다.

첫 번째 예언: 지옥 환시

성모 마리아가 보여준 예언을 크게 세 가지로 나눌 수 있다. 처음 두 가지는 1927년에 성모로부터 공개가 허용되어 나중에 문서로 정리되었다.

첫 번째 예언은 성모 마리아의 세 번째 발현 때 세 아이가 경험한 '지옥의 환시'를 가리킨다. 성모가 양손을 펼쳐 눈이 부신 광선을 내뿜자 지옥 불에 태워지며 신음하는 사탄과 인간의 영혼이 보였다. 지옥의 이미지는 이탈리아 르네상스 시대 시인 단테가 쓴 서사시 『신곡』에서 영감을 받은 화가들이 그린 종교화의 세계다. 당시 유럽인 가운데 이 세상에 지옥이 존재한다고 믿은 사람은 소수에 불과했다.

그러나 당시 성모가 보여준 지옥은 『신약성서』 「마태복음」에 "두 손과 두 발을 가지고 영원한 불 속에 던져지는 것보다는 차라리 불구의 몸이 되더라도 영원한 생명에 들어가는 편이 더 낫다"라는 예수의 말씀을 증명하는 광경이었다.

"예수님, 저희 죄를 용서하시며, 저희를 지옥 불에서 구하시고, 연옥 영혼을 돌보시며, 가장 버림받은 영혼을 돌보소서!"

성모 마리아는 아이들에게 구원의 기도를 가르쳐주었다. 그리고 루치아를 통해 세상 사람들은 지옥의 존재를 인지하게 되었다.

두 번째 예언: 러시아 혁명과 제2차 세계대전

첫 번째 예언은 개인의 구원에 관한 것이었으나, 두 번째 예언은 기독교 세계의 민족과 교회의 운명에 관한 것이었다. 성모 마리아는 세 번째 발현에서 "내가 너희에게 말한 바를 사람들이 이행하면 많은 영혼이 구원받고 세계 평화가 이룩될 것이다"라며 제1차 세계대전의 종식을 예언했다.

"그러나 사람들이 계속해서 죄를 짓는다면 다음 교황 때는 더욱 참혹한 전쟁이 일어날 것이다."

성모는 경고하며 제2차 세계대전 발발을 예언했다. 더욱이 그 비참한 전쟁이 일어나기 전에 "원인 모를 빛으로 밤이 밝아지는 것을 보게 될 것이다"라며 사전 징조도 알려주었다.

"티 없이 깨끗한 내 성심에 러시아를 봉헌하라."

"매달 첫 토요일에 보속(補贖, 고해 성사를 보고 나서 실천하는 속죄 행위—옮긴이)으로 영성체를 모셔라."

성모는 회개와 기도를 당부했다. 러시아의 회개가 열쇠를 쥐고 있었다. 그러나 러시아(소비에트 연방)는 회개하지 않았다. 1917년 1월, 레닌이 이끄는 볼셰비키는 미국 유대인 자본주의 세력의 자금 원조를 받아 혁명에 성공했다. 이듬해, 러시아 정교 신봉자였던 로마노프 왕가의 황제 부부와 다섯 명의 자녀가 참살되었다.

그 후 눈사태처럼 걷잡을 수 없는 혁명의 기운이 러시아를 집어삼켰다. 벨기에의 데지레조제프 메르시에(Désiré-Joseph Mercier) 추기경이 공표한 자료에 따르면, 혁명이 일어나고 나서 주교 28명, 사제 1,215명, 장교 5만 4,000명, 병사 26만 명, 토지 소유자 1만 8,000명, 노동자 19만 2,000명, 농민 81만 5,000명이 처형당했다. 같은 해 레닌은 8,100명의 사제와 수사, 수녀를 총살했다고 공표했다. 러시아 정교 교회의 90퍼센트가 파괴되고 교회 재산은 몰수되었다.

레닌의 후계자 스탈린은 '전투적 무신론자 연맹'을 결성했다. 청소년을 대상으로 무신론 교육을 시행하고 기독교를 탄압했다. 그리고 KGB(소련 국가 안보 위원회)가 24시간 감시의 눈을 번뜩이며 사람들을 감시하고, 가족 사이에서도 밀고가 횡행했다. 수많은 무고한 사람이 수용소로 보내졌다. 작가 솔제니친에 따르면 희생자가 총 6,670만 명이 넘는다.

1929년 6월 13일, 성모 마리아가 루치아 앞에 나타났다.

"교황이 세계 모든 주교와 함께 러시아를 내 성심에 봉헌하기를 하느님께서 요구하시는 때가 왔다. 모두 한 마음이 되어 기도하면 러시아의 박해는 끝난다."

성모는 평화를 실현할 수 있는 길을 알려주었다.

그러나 1939년 9월 1일, 나치 독일이 폴란드를 침공했다. 17일에는 소련군이 폴란드로 진군해 폴란드가 분할 점령되었다. 이러한 세계 정세는 비오 11세의 교황 재임 기간(1922~1939)과 겹친다.

1938년 1월 25일 저녁나절부터 이튿날 새벽에 걸쳐 유럽 대륙 상공에 거대한 북극광(북극 부근에서 볼 수 있는 오로라)이 출몰했다. 유럽 거의 모든 나라와 북아프리카 튀니지에서도 관측되었다. 각국 신문은 앞다투어 이상 기상 현상을 대대적으로 보도했다. 프랑스 천문학 협회에 따르면, 그날 날씨는 종일 흐렸고 저녁에 안개비가 내렸다. 그런데 신비하게도 해가 지고 두 시간 정도 지난 뒤 구름이 걷히며 맑은 하늘이 보이더니 지평선이 마치 해가 뜰 때처럼 환해지면서 북극광이 나타났다.

처음에는 청백색이던 빛이 청록색에서 차츰 짙은 다홍색으로 변하더니, 하늘에 불규칙한 붉은 호가 나타났다. 그리고 빨간색에서 주황색, 노란색으로 변하면서 하늘 꼭대기로 상승했다가 때로 사라졌다 나타나며 마치 생물처럼 움직였다. 파리 근교 마을에서는 화재 발생 신고가 여러 건 접수되어 소방서에서 출동했다는 기록도 남아 있다.

"원인 모를 빛으로 밤이 밝아지는 것을 보게 된다"라는 성모 마리아의 예언이 이루어졌다.

그러나 교황 비오 11세는 침묵을 유지해 루치아는 실망했다. 성모의 예언은 어둠에 묻혔다. 역사를 돌아보면 두 번째 예언은 그대로 이루어졌다.

세 번째 예언은 왜 베일에 싸인 채 수수께끼로 남겨졌을까?

루치아는 성모 마리아에게서 1960년에 세 번째 예언(비밀)을 공개하라는 명령을 받았다. 그러나 그녀는 로마 교황청에서 비밀 엄수 지시를 받고 2005년 아흔일곱 살의 나이로 세상을 떠날 때까지 입을 굳게 다물었다.

교황 바오로 6세(재임 1963~1978)는 "이 예언은 절대 세상에 알려져서는 안 된다. 나는 무덤까지 이 비밀을 가져가겠다"라며 파티마의 예언을 봉인했다.

세 번째 비밀을 궁금해하는 신자들의 욕구는 점점 커졌다. 1981년 5월, 전직 가톨릭 수사가 세 번째 비밀 공개를 요구하며 아일랜드 항공 164편을 공중 납치하는 사건을 일으켰다. 하지만 사건이 해결된 뒤에도 세 번째 비밀은 공개되지 않았다.

그러다가 마침내 봉인이 풀렸다. 교황청 신앙교리성은 2000년 6월 26일, 교황 요한 바오로 2세(재임 1978~2005)의 뜻에 따라 세 번째 비밀을 정식으로 발표했다. 루치아가 1944년에 쓴 이 편지는 오랫동안 교황청 서고에 소장되어 있었다. 다소 길지만, 편지 전문을 소개한다.

예수, 마리아, 요셉,
파티마의 코바 다 이리아 언덕에서 1917년 7월 13일 밝혀진 세 번째 비밀.

레이리아 교구장님과 성모 마리아님께서 제게 이르신 대로 저는 당신께 순종하는 마음으로 이 편지를 씁니다.

앞에서 말씀드린 첫 번째 계시와 두 번째 계시에 이어, 저희는 성모 마리아님 왼편 조금 위쪽에서 왼손에 불로 된 검을 든 천사를 보았습니다. 그 검은 마치 이 세상을 불태울 듯 번뜩이는 불꽃을 내뿜었습니다. 그런데 성모 마리아님께서 오른손으로 천사를 향해 빛을 내뿜으시자 그 불꽃이 사라졌습니다. 천사는 오른손으로 땅을 가리키며 큰 소리로 외쳤습니다.

"참회하라, 참회하라, 참회하라!"

그러고 나서 저희는 무한한 빛이신 하느님 안에서 '사람들이 거울 앞을 지날 때 비치는 모습과 비슷한 무언가'처럼 보이는 흰옷을 입으신 주교 한 분을 보았습니다. '저희는 그분이 교황 성하라고 느꼈습니다.' 또 몇몇 주교님과 신부님들, 수사와 수녀들이 가파른 산을 오르는 모습을 보았습니다. 그분들이 오르는 산꼭대기에는 껍질만 남은 코르크나무처럼 두툼한 통나무 십자가가 세워져 있었습니다. 교황 성하께서는 그 산에 오르시기 전에 반쯤 폐허로 변한 큰 도시를 고통과 슬픔에 허덕이며 떨리는 발걸음으로 지나셨는데, 도중에 만난 죽은 이들의 영혼을 위해 기도하셨습니다. 교황님은 산꼭대기에 도착해 큰 십자가 아래 무릎 꿇으셨을 때, 교황님을 노린 한 무리의 군인들에게 죽임을 당하셨습니다. 군인들은 교황님을 향해 몇 발의 총탄을 발사하고 활을 쏘았습니다. 다른 주교님들과 신부님들, 수사들과 수녀들, 지위와 입장이 각양각색인 신자들이 차례차례 마찬가지로 죽임을 당했습니다. 십자가의 양팔 아래에서 두 천사가 손에 수정으로 된 성수반을 들고 순교자들의 피를 받아 그 피를 하느님께 나아가는 영혼들에 뿌렸습니다.

투이 1944년 1월 3일

(교황청 신앙교리성에서 공개한 파티마의 세 번째 비밀)

여기에는 교황을 비롯한 많은 사람이 죽임을 당할 것이라는 예언이 담겨 있다.

교황청 신앙교리성의 정식 발표가 석연치 않은 이유

2005년 2월, 교황 요한 바오로 2세는 자신의 책에서 세 번째 비밀은 자신의 암살 미수 사건이라고 주장했다. 구체적으로는 1981년 5월 13일(우연히 성모 마리아가 처음으로 발현한 날) 요한 바오로 2세가 바티칸 성 베드로 광장에서 차량 행진 중에 튀르키예인 테러범이 쏜 총탄 네 발에 맞아 중상을 입은 사건이다.

어떻게 된 일일까? 루치아의 편지 내용과 상당히 다르다. 더욱이 요한 바오로 2세는 1980년 독일 풀다에서 "……이 정도 알았으면 충분하다. 세 번째 예언에 따르면, 대양(단수가 아닌 복수, 즉 바다들)이 불바다가 되어 바다를 덮치고 순식간에 몇백만 명의 사람이 사라질 것이다"라고 발언했다.

이 발언은 루치아의 일기와 일치한다. 이탈리아 작가 안토니오 소치(Antonio Socci)에 따르면, 1944년 당시 루치아의 일기에는 다음과 같은 내용이 적혀 있었다고 한다.

그날 루치아가 기도를 드릴 때 성모가 발현해 환시를 보여주었다. 창끝에서 나온 불꽃이 지구의 축에 닿아 지축이 흔들렸다. 바다와 산은 범람해서 홍수가 나고 거대한 해일로 돌풍과 회오리바람이 일어나 헤아릴 수 없이 많은 가옥과 사람들을 집어삼키는 광경을 환시로 보았다. '지축이 흔들렸다'라는 말은 지구의 양극이 반전되는 현상(Pole Shift)을 가리킬 수도 있다.

또 일기에는 이러한 현상이 죄로 말미암은 '세계의 정화'를 뜻하며 증오와 야심이 파괴적 전쟁을 일으킨다고 적혀 있다. 이는 제3차 세계대전을 의미할 수도 있다. 이러한 사실을 고려하면 교황청 신앙교리성의 정식 발표에 석연찮은 부분이 있어 의문을 가질 수밖에 없다.

성모 마리아가 UFO를 타고 있었고, 예수가 외계인이다?!

성모 마리아는 여섯 번째로 발현했을 때 군중 앞에서 기적을 보였다. 구체적으로는 회색빛 원반 같은 태양이 화차처럼 회전하고 지그재그로 튀어 오르듯 움직이며 급강하했다. 이 회색 태양이 거대한 UFO(미확인 비행 물체)였다는 설도 있다.

또 다섯 번째 발현에서 성모 마리아가 사라졌을 때 하늘에서 빛나는 둥근 꽃잎 같은 물체가 내렸다. 목격자의 이야기에 따르면, 손으로 꽃잎을 받았더니 눈처럼 스르르 사라졌다. UFO 출몰 후에 가끔 목격되는 실 형태의 물질로 천사의 머리카락처럼 보인다는 '에인절 헤어(angel hair)'와 닮았다. 성모는 루치아에게 세 번째 비밀을 1960년까지 발설하지 말라고 했다. 왜 하필 1960년이었을까? UFO가 1950년 이후 전 세계에서 목격된 사실과 무관하지 않아 보인다.

인류가 인공위성 발사에 성공한 것은 1957년, 소련의 스푸트니크 1호다. 그리고 4년 후 보스토크 1호에 탑승한 유리 가가린이 최초로 유인 우주 비행에 성공했다. "지구는 푸르다"라고 말한 유리 가가린이 지구를 최초로 '바깥'에서 본 순간이었다. 그 후 1969년에 미국의 아폴로 11호가 달에 착륙해 인류의 '발자국'을 남겼다. 1960년대에 우주, 즉 지구 밖에 관한 인식이 비약적으로 향상되었다.

예수가 외계인이었다는 주장도 있다. 예수가 외계인이었다고 가정하면 성서에 적힌 수많은 기적을 어느 정도 설명할 수 있다. 이 대담한 가설을 뒷받침하는 종교화도 실제로 존재한다. 조지아의 므츠헤타시에 있는 스배티츠호벨리 대성당 벽화에는 십자가형을 당한 예수의 오른손 상공에 붉은 반원 모양의 UFO, 왼손 상공에 녹색 UFO가 제트 분사 선을 그리며 날아가는 모습이 그려져 있다. 발칸반도의 국가 코소보에 있는 세계유산으로, 세르비아 정교회 수도원인 비소키 데차니에도 십자가에 못 박힌 예수의 벽화가 있는데, 좌우 하늘에 빛을 내뿜으며 UFO처럼 보이는 물체가 날아가고 있다. 게다가 UFO 안에는 외계인처럼 생긴 인물이 타고 있다.

만약 이들의 주장처럼 예수가 외계인이라면 고도의 과학 기술과 문명을 보유한 다른 별에서 온 사람이 2,000년 이상 전에 지구에 와서 지구인에게 평화를 가져다주기 위해 인도했다고 보아야 할까?

⑥

목격한 사람의 목숨을 앗아가는 공포의 도플갱어

도플갱어를 목격한 사람에게 죽음이 찾아온다?!

'도플갱어(doppelgänger)'란 자신과 같은 모습을 한 또 한 사람의 자신 혹은 타인이 그 사람을 목격하는 현상으로, '자기상환시(自己像幻視, autoskopie)'라고도 부른다. 독일어 '도펠(doppel, 이중·복제)'과 '겡어(gänger, 걷는 사람)'가 합해진 단어로, 영어권에서도 그대로 '도플갱어'라고 한다.

도플갱어를 본 사람은 얼마 지나지 않아 죽음을 맞는다는 속설이 있는데, 예로부터 죽음의 전조로 여겨 두려워했다. 고대 그리스의 수학자이자 철학자인 피타고라스도 같은 날 같은 시각에 두 장소(이탈리아반도의 메타폰툼과 크로토네)에서 많은 사람에게 목격되고 난 뒤 얼마 지나지 않아 죽음을 맞이했다.

도플갱어와 관련해 잘 알려진 사건으로는 작가 로버트 데일 오언(Robert Dale Owen)이 소개한 19세기 프랑스 여성 교사 에밀리 사지의 사례가 있다. 1845년, 발트해 연안에 있는 리보니아(오늘날 라트비아)의 여학교에 부임한 사지는 평소처럼 칠판에 글씨를 썼다. 그러자 그녀 옆에 또 한 사람의 '그녀'가 홀연히 나타났다. 두 사람의 모습과 동작이 놀랍도록 똑같았는데, 한 명은 분필을 들고 있지 않았다. 수업을 듣고 있던 열 명이 넘는 학생이 동시에 이 현상을 목격했다.

어느 여름날 사지는 교실 안에서 의자에 앉아 자습 중인 마흔 두 명의 학생을 감독 중이었다. 그런데 창밖의 교정 화단에 물을 주는 에밀리가 또 있었다. 기이한 현상을 목격한 학생이 교실에 앉아 있는 에밀리를 만지자 얇은 천을 만지는 듯한 감촉이 느껴지더니 서서히 사라졌다.

같은 현상이 일 년 동안이나 이어졌다. 마침내 학생들은 에밀리를 '두 명의 선생님'이라는 별명으로 불렀다. 결국 에밀리 사지는 학교를 옮겼다. 그런데 옮겨간 학교에서도 같은 현상이 계속 발생했다. 학생과 동료, 학부모 들이 꺼림칙하게 여겨 에밀리는 스무 번 넘게 학교를 옮겨다녀야 했다.

이 사례뿐 아니라 역사에 이름을 남긴 유명 인사와 작품에서도 도플갱어 사례를 찾아볼 수 있다. 이런 사례들을 통해 이 현상이 어떤 순간에 어떻게 일어나는지 파헤쳐보자.

분신을 목격한 사례 ① 영국의 엘리자베스 1세
— "내가 침대에서 죽어 있다!"

먼저 도플갱어의 전형적인 예, 즉 '또 한 사람의 자신(분신)'을 보고 나서 죽음을 맞이한 사례를 소개한다.

스페인의 무적함대를 격파하고 잉글랜드 왕국의 황금시대를 구축한 엘리자베스 1세 여왕(1533~1603)은 평생 독신을 고수해 국가와 결혼한 '처녀 여왕'으로 칭해졌다.

어느 날 여왕은 유령처럼 창백한 얼굴을 한 자신이 침대에 누워 있는 모습을 발견했다.

"내가 침대에서 죽어 있다!"

평소에는 냉정하고 침착하다고 알려진 여왕이 소스라치게 놀라 다급하게 측근을 소리쳐 불렀다. 당시 여왕은 잇따른 측근들의 죽음으로 우울한 상태였다. 이 도플갱어를 만나고 4일 후 여왕은 침대에 눕지도 않고 의자에 앉은 채로 숨을 거두었다.

분신을 목격한 사례 ② 러시아의 예카테리나 2세
— 자신의 분신에게 총을 쏘라고 명령하다

러시아 제국의 예카테리나 2세(1729~1796)는 독일 북부에서 귀족의 딸로 태어나 표트르 3세에게 시집갔다. 그리고 그녀는 남편을 쿠데타로 퇴위시키고 몸소 황제 자리에 올라 계몽 전제군주로 군림했다.

어느 날 밤 예카테리나 2세가 침실에서 쉬고 있는데 낯빛이 파리하게 질린 시종이 들어왔다. 시종은 지금 왕좌가 있는 방으로 황제가 들어가는 모습을 보았다고 주장했다. 예카테리나 2세가 가보니 망령처럼 보이는 분신이 있었다. 그녀가 곧바로 호위병을 불러 왕좌에 앉은 자신을 꼭 닮은 자를 총으로 쏘라고 명령하자, 분신의 모습이 사라졌다.

이 사건이 있고 얼마 지나지 않은 2월 어느 추운 날 아침, 예카테리나 2세는 평소처럼 커피를 마시며 정무를 처리하고 있었다. 한데 집무실에서 일하던 그녀가 화장실에 들어간 순간 쓰러졌고, 그대로 혼수상태에 빠져 그날 밤을 넘기지 못하고 이승을 하직했다. 부검 결과 사인은 뇌경색으로 진단되었다. 불세출의 여제로 알려진 한 여인의 허망한 죽음이었다.

분신을 목격한 사례 ③ 미국의 링컨 대통령
— 관 안에 누운 자신을 본 후 암살당하다

남북전쟁을 북군의 승리로 이끌고 국가의 분할을 방지한 미합

에이브러햄 링컨

중국 16대 대통령 에이브러햄 링컨(Abraham Lincoln, 1809~1865) 역시 도플갱어를 보았다.

어느 날 밤 링컨이 소파에서 쉬고 있다가 문득 거울을 보니 자신과 똑같은 남자가 비쳤다. 안색이 창백한 남자가 거울 안에서 그를 물끄러미 바라보았다. 화들짝 놀라 소파에서 일어났더니 분신이 사라졌다. 혹시나 해서 다시 소파에 앉자 분신이 또 나타났다.

이 이야기를 들은 링컨의 아내 메리는 겁에 질렸다. 링컨은 모종의 계시라고 직감했다. 그 후 같은 소파에 앉아보았으나 이번에는 아무 일도 일어나지 않았다.

어느 날 아침 링컨은 사람들이 흐느껴 우는 소리에 잠에서 깨어났다. 침대에서 일어나보니 침실 안에 관이 놓여 있고 사람들이 그 주위를 둘러싼 채 슬프게 울고 있었다. 누가 죽었기에 그리 슬프게 우느냐고 물었더니 그중 한 사람이 "대통령님께서 돌아가셨습니다"라고 대답했다. 링컨이 깜짝 놀라서 관 안을 들여다보니 얼굴이 창백한 자신이 누워 있었다.

1865년 4월 14일, 링컨은 아내와 극장에서 관람하던 도중에 저격당해 사망했다.

그날도 링컨은 "내 암살 소문을 듣지 못했는가?"라고 물었다. 그리고 아내에게 "자주 불길한 꿈을 꾼다"라고 이야기했다고 한다.

분신이 죽음을 예고한 사례 ① 시인 존 던
— 세상을 떠난 아기가 아버지에게 죽음을 전하기 위해 찾아오다

분신이 죽음의 전령 역할을 했다고 짐작할 만한 사례도 있다.

영국의 시인 존 던(John Donne, 1572~1631)은 작가 외에도 성공회 사제, 의원, 변호사 등 다양한 직업을 경험한 다재다능한 인물이었다. 그의 『명상록』에 수록된 「누구를 위하여 종을 울리나」를 훗날 어니스트 헤밍웨이가 소설 제목으로 사용해 널리 알려지기도 했다.

1612년, 존 던은 파리에서 머물고 있었다. 어느 날 영국에 있어야 할 아내가 갓난쟁이 딸을 품에 안고 찾아왔다. 산달에 배가 남산만큼 부른 아내가 파리까지 장거리 여행에 나설 이유가 없었다. 그런데 그 순간 아내는 출산 중이었고, 안타깝게도 사산이었다. 세상을 떠난 아기가 아버지에게 죽음을 전하기 위해 온 것이었을까…….

이 이야기는 던이 세상을 떠나고 9년이 지난 1640년에 그의 전기가 발표되면서 비로소 세상에 알려졌다. 던의 지인이자 작가인 아이작 월턴(Izaak Walton)도 같은 이야기를 글로 남겼다. 두 사람의 이야기가 약간 달라 이야기의 신빙성에 의문을 표하는 지식인도 있다. 그러나 그가 도플갱어 현상을 경험했다는 사실만은 분명하다.

분신이 죽음을 예고한 사례 ② 해군 제독 조지 트라이언
— 전함 충돌 사고로 죽은 트라이언이 아내의 사교 파티장에 나타나다

19세기 말 대영 제국은 막강한 해군력을 자랑했다. 천하의 영국 해군에서 본국 함대에 이어 중시한 것은 식민지 인도 항로를 관할하는 지중해 함대였다. 1893년 6월에 지중해 함대는 전함 8척과 순양선 3척으로 시리아 근해에서 군사 훈련을 하고 있었다. 이때 지중해 함대 사령장관이자 해군 중령인 조지 트라이언(George Tryon, 1832~1893)이 기함 빅토리아호의 지휘봉을 잡았다.

6월 22일, 해상에서 군사 훈련 중 방향 전환을 하던 빅토리아호는 트리폴리 연안에서 전함 캠퍼다운호와 충돌해 침몰하고 말았다. 이 사고로 트라이언을 비롯한 357명의 승조원이 수장되었다.

같은 날 같은 시각, 런던에 있던 트라이언의 아내는 자택에서 사교 파티를 열고 있었다. 그런데 갑자기 군복 차림의 트라이언이 계단을 내려오는 모습을 여러 사람이 목격했다. 트라이언은 손님들에게 인사도 하지 않고 홀을 가로질러 정면 현관으로 향했다. 그러고는 현관문이 열리기도 전에 홀연히 모습을 감추었다. 부인은 별실에서 손님과 담소를 나누느라 남편이 나타났다가 사라진 일을 알아차리지 못했다.

이 사고는 트라이언이 명령을 잘못 내려 발생한 인재였다. 기대를 등에 업고 최신예 전함을 지휘하며 수많은 목숨을 앗아갔다는 부끄러움이 이승에 대한 강한 미련으로 발현되어 도플갱어 현상으로 자택에 나타났던 것일까?

전쟁과 사고 등으로 불시에 죽음을 맞이한 사람이 가족에게 자기 죽음을 전하러 온다는 이야기를 자주 듣는데, 트라이언처럼 여러 사람 앞에 모습을 드러내는 사례는 매우 드물다.

분신이 말을 건 사례 ① 시인 퍼시 비시 셸리
— 자신의 분신과 산책하며 이야기를 나누다

여기까지 소개한 도플갱어는 하나같이 말이 없어 공포를 배가시킨다. 그러나 놀랍게도 분신과 대화를 나눈 사례도 있다.

영국 시인 퍼시 비시 셸리(Percy Bysshe Shelley, 1792~1822)는 유령과 요정에 관한 이야기를 좋아했고 공포 소설도 집필했다. 셸리는 생전에 몇 번이나 도플갱어 현상을 경험해 그 사실을 아내에게 이야기했다. 분신을 목격했을 뿐 아니라 분신과 대화를 나누기까지 했다. 분신을 만난 장소는 그의 산책 코스 중에서 막다른 길이었는데, 분신은 막다른 곳에서 돌아오지 않고 그대로 사라졌다.

바다를 좋아한 셸리는 에어리얼(Airel)호라는 요트를 특별 주문했다. 그 요트를 타고 이탈리아의 리비에라항을 출항한 그는 폭풍우를 만나 요트가 침몰하는 바람에 불귀의 객이 되었다. 도플갱어는 그의 불행을 예고하기 위해서 나타났던 것일까?

분신이 말을 건 사례 ② 작가 모파상
— 분신이 나타나 집필 중이던 소설 내용을 이야기하다

소설 『여자의 일생』 등의 작품으로 알려진 프랑스 작가 기 드 모파상(Guy de Maupassant, 1850~1893)은 생전에 분신과 교류했다고 밝힌 적이 있다.

모파상이 원고를 집필하던 중 잠시 펜을 멈추고 고민하고 있는데 방에 누군가가 들어왔다. 그는 또 한 명의 모파상으로, 집필 중이던 소설을 이어서 술술 이야기하기 시작했다. 모파상은 놀라서 받아 적었고, 이 이야기는 단편 소설 「오를라」로 완성되었다. 사악한 영혼에 빙의된 주인공의 심신이 차츰 좀먹는 줄거리다. 모파상은 이 소설 내용이 분신이 들려준 이야기라고 주위에 말했다.

어느 날 또다시 분신이 모습을 나타냈다. 그런데 수심이 가득한 얼굴로 머리를 싸안고 고뇌하다가 한마디도 하지 않고 스르르 사라졌다. 분신이 불길한 소식을 가져왔다고 직감한 모파상은 서서히 정신의 균형이 무너졌고 자살 미수 사건을 일으켜 정신 병원에 수용되었다가 1년 후에 사망했다. 이번에도 도플갱어는 죽음의 전령이었다.

도플갱어를 목격했으나 죽지 않은 사례 ① 대문호 괴테
— 두 번이나 도플갱어를 목격하고도 살아남다

'도플갱어는 곧 죽음'이라는 공식이 성립하는 것 같지만, 도플갱어를 목격하거나 경험하고도 죽지 않은 사례가 두 건 있다. 첫 번째 사례는 독일을 대표하는 문호 요한 볼프강 폰 괴테(Johann Wolfgang von Goethe, 1749~1832)다.

젊은 괴테가 스트라스부르 대학교에서 공부하던 무렵, 대학 근교 제젠하임이라는 마을 목사의 딸인 프리데리케와 사랑에 빠졌다. 프리데리케는 열여덟 살, 괴테는 스물한 살이었다. 스트라스부르는 지금은 프랑스령이지만, 괴테가 살던 시절에는 독일 영토여서 독일에서는 지금도 '슈트라스부르크'라는 독일식 지명으로 부른다.

대학을 마친 괴테는 변호사가 되기 위해 스트라스부르에서 고향 집이 있는 프랑크푸르트로 돌아갔다. 좋은 집안에 대학을 졸업한 엘리트였던 괴테는 자신의 장래를 생각해서였는지 그와의 결혼을 학수고대하던 프리데리케와 그녀의 부모에게 이별을 통보했다. 시골 목사의 딸인 프리데리케가 자신과 격이 맞지 않는다고 생각했기 때문인 듯하다.

이별을 선언하고 돌아오는 길에 괴테는 자신을 향해 오는 말을 탄 남자를 스쳐 지나갔다. 그 남자는 회색에 금테를 두른 옷을 입고 있었다. 그런데 얼굴을 보니 자신과 똑같았다. 순식간에 벌어진 일이었다. 괴테가 정신을 차렸을 때는 이미 남자의 모습이 사라진 뒤였다.

그리고 8년 후, 괴테는 프랑크푸르트에서 프리데리케의 집으로 향하면서 예전에 말 탄 남자를 만났던 사건을 떠올렸다. 무심결에 자기 옷을 살펴보니 금테를 두른 회색 옷, 즉 그때 본 남자와 똑같은 차림이었다.

결국 재회한 프리데리케와의 사랑의 불꽃은 다시 살아나지 않았고, 그녀는 평생 독신을 고수했다. 괴테에게 프리데리케와의 사랑은 자서전 『시와 진실』 속 '제젠하임 에피소드'에서 맺어졌고, 서정시 「들장미」와 「5월의 노래」를 낳았다.

괴테는 또 다른 신기한 경험도 했다. 어느 날 길거리에서 친구인 프리드리히가 지나가는 것을 목격했다. 그런데 자세히 보니 친구가 자기 것과 똑같은 옷을 입고 있었다. 마침내 괴테가 집에 도착해서 보니 그의 옷을 입은 프리드리히가 기다리고 있었다. 비를 맞은 프리드리히가 젖은 옷이 마르는 동안 친구인 괴테의 옷을 입고 있었던 것이다.

이처럼 괴테는 두 번의 도플갱어 현상을 경험했다. 첫 번째는 죄책감이 일으킨 사건으로 볼 수 있으나, 두 번째는 마음의 작용과 무관한 사건이어서 두 현상의 관련성을 찾을 수 없다.

괴테는 여든두 살까지 살다가 생을 마감했다. 도플갱어를 목격한 사람은 얼마 후에 죽는다는 속설이 그에게는 해당하지 않았던 걸까?

도플갱어를 목격했으나 죽지 않은 사례 ② 영국 하원의원 파커
— 도플갱어를 만난 후 8년을 더 살다

두 번째 사례는 영국 하원에서 일어난 사건이다. 1906년 의회 개회 중에 하원의원이자 작가인 길버트 파커(Gilbert Parker, 1862~1932)는 국회 회의장에서 동료 의원 프레더릭 칸 라시(Frederick Carne Rasch, 1847~1914)가 가까이 앉아 있는 모습을 보았다.

라시가 독감에 걸려 결석한다는 이야기를 들은 파커는 "쾌차하셔서 다행입니다"라고 말을 걸었다. 그런데 라시는 무뚝뚝한 표정으로 대꾸도 하지 않았다. 라시가 잠시 시선을 돌린 사이 그의 모습이 감쪽같이 사라졌다. 자기 눈을 믿을 수 없었던 파커는 다른 의원에게 라시를 보았느냐고 물었더니 많은 의원이 라시를 목격했다고 대답했다.

"의회에 출석해야 한다는 열정이 너무 뜨거워서 제 영혼이 대신 출석했나 봅니다."

그때 병석에 누워 있던 라시가 나중에 그 이야기를 듣고 이렇게 이야기했다. 그러나 가족들은 불길한 일이 일어날 징조라며 두려워했다.

그 사건 이후 동료나 지인들이 장난처럼 진짜 라시인지 확인한다며 손가락으로 쿡쿡 찔러보기도 했다. 라시는 지역 신문에 다음과 같은 편지를 보내기도 했다.

> 도플갱어를 목격하면 얼마 후에 죽는다는 말은 사실이 아닙니다. (…) 앞으로 정신 똑바로 차리고 살라는 계시로 볼 수 있지 않을까요?

그 후 라시는 26년을, 파커는 8년을 더 살았다.

작품 속의 도플갱어 ① 하인리히 하이네의 시 「귀향」

독일의 시인 하인리히 하이네(Heinrich Heine, 1797~1856)의 시 「귀향(Die Heimkehr)」은 헤어진 연인이 살던 집 앞에서 서성이는 분신을 그리고 있다.

밤은 고요하고 골목길은 고즈넉하다
이 집에 그 사람이 살았지
그 사람은 이미 예전에 마을을 떠났으나
집은 예전 그대로라네

집 앞에 사람이 서 있네. 양손을 비비며
몸을 떨며 바라보고 있네
그 얼굴을 보고 오싹 소름이 끼쳤지
달빛에 비친 그 얼굴은 틀림없이 내 얼굴

달빛이 나에게 내 그림자를 비춰주었네
내 그림자여 새파랗게 질린 사내여
왜 나를 흉내 내는가, 내 슬픈 사랑을
밤이면 밤마다 그 자리에서
고뇌한 지난날의 나를

오스트리아의 작곡가 프란츠 슈베르트(Franz Schubert)는 이 시에 곡을 붙였다. 원래 제목은 〈도플갱어(Der Doppelgänger)〉인데, 주로 '그림자'라는 제목으로 널리 알려져 있다.

도플갱어 현상은 마음의 작용일까, 뇌의 작용일까?

그렇다면 도플갱어 현상은 왜 일어날까? 자기 분신을 목격하는 현상에 관해 정신질환이 원인이라는 설이 있다. 가령 '다중인격'은 여러 자아가 나타나는 환각의 일종으로 분신을 본다는 증거 사례도 있다. 이 주장은 도플갱어를 경험한 사람이 나중에 정신 질환을 일으킨 사례가 많다는 데서 비롯되었다.

또 뇌 질환이 원인이라는 설도 있다. 독일 아헨 대학교의 클라우스 포돌(Klaus Podoll) 박사는 뇌종양과 편두통 등의 뇌 내 혈류 변동으로 뇌의 일부 기능이 손상되어 발생할 가능성을 지적했다. 또 스위스 취리히 대학교의 브뤼거(Brügger) 박사 연구 팀에 따르면 측두엽과 두정엽 사이에 있는 측두 두정 접합부에 종양이 생길 경우 도플갱어와 유사한 증상이 나타날 수 있다. 측두 두정 접합부에는 자신을 인식하는 기능이 있는데, 이 부위에 장애가 발생하면 자신의 정신이 육체를 떠난 것과 같은 감각이 느껴질 수도 있다.

만약 정신이나 뇌 질환으로 인한 장애가 도플갱어 현상의 원인이라면 자기 분신을 보는 현상을 논리적으로 설명할 수도 있다. 그러나 제3자가 동일 인물을 동시에 목격하거나 가족에게 자기 죽음을 알리는 현상에는 적용할 수 없다.

흔히 세상에는 자신과 똑같은 사람이 자신을 포함해 세 명 존재한다고 한다. 사이트 패밀리 리서치(https://www.familysearch.org/discovery/compareme)에 자기 얼굴 사진을 입력하면 가장 닮은 인물 사진이 나온다. 나도 재미 삼아 시험해보았는데, 제법 닮은 사람이 나와 놀랐다. 도플갱어 현상을 직접 경험하고 싶지는 않지만 경험자의 공포를 가상으로나마 체험하고 싶다면 이 사이트를 방문해보자.

part 3

사건

incident

⑦

650명의 처녀를 산 제물로 바친 광기의 백작 부인

대규모 살인 사건이 벌어진 끔찍한 현장을 찾아서

이번에 소개할 인물은 헝가리 왕국의 귀족 바토리 에르제베트(Báthory Erzsébet, 1560~1614)다. 앞에서 설명한 대로 헝가리에서는 성이 앞에 오고 이름이 뒤에 온다. 따라서 바토리가 성이고 에르제베트가 이름이다. 일반적으로는 영어식으로 에르제베트 바토리 백작 부인이라고 하는데, '피의 백작 부인'이라는 별명으로도 알려져 있다. 650명의 젊은 처녀를 매우 잔혹한 방법으로 살해해 이런 섬뜩한 별명이 붙었다.

에르제베트는 결혼 후 나더슈디성에서 신접살림을 차렸다. 헝가리는 현재 오스트리아와 동쪽으로 국경을 맞대고 있는 작은 나라다. 파프리카와 와인 등의 특산품이 널리 알려진 농업국이다.

하지만 제1차 세계대전이 일어나기 전에는 크로아티아와 슬로바키아 전역, 루마니아의 트란실바니아 지방과 세르비아 북부의 보이보디나 지방을 포함한 대국이었다.

나더슈디성은 수도 부다페스트에서 서쪽으로 약 200킬로미터 떨어진 샤르바르시에 있다. 이 성의 이름은 '진창 성'이라는 뜻을 지니는데, 옛날에 습지대였기 때문임을 유추할 수 있다.

나는 예전에 이 성을 방문한 적이 있다. 지도에 의지해 겨우겨우 찾아갔는데, 눈앞에 나타난 성은 머릿속으로 상상했던 것보다 소박했다. 긴 다리를 건너 세모꼴의 붉은 벽돌 지붕에 흰 벽이 비치는 탑 문을 지나자 식물이 가득한 중정이 펼쳐졌다. 성안에는 기병대장이었던 남편 나더슈디 페렌츠(Nádasdy Ferenc) 2세의 이름을 딴 박물관이 있고, 군복과 사브르, 창 등의 무기가 전시되어 있었다. 이 성에는 유럽의 성에서 흔히 볼 수 있는 우아한 종교화 대신 장군의 초상화와 말을 탄 군인의 그림 등이 많았다. 대형 홀의 기사 그림 가운데에는 전투 장면도 있었다. 그런데 기대했던 고문실이나 도구는 좀처럼 눈에 띄지 않았다.

한참 돌아다닌 끝에 겨우 찾아냈다! 깊숙이 숨겨진 방에 전시된 거대한 초상화 세 점 중 에르제베트를 그린 작품 앞에 목제 기요틴 같은 기계가 놓여 있었다. 취재 기자처럼 보이는 어떤 외국인이 부지런히 카메라 셔터를 눌러대고 있었다.

이 기계가 그 유명한 에르제베트의 고문 기구냐고 스태프에게

'피의 백작 부인'으로 불렸던 바토리 에르제베트

물었더니 "이건 제본기랍니다"라는 맥 빠지는 대답이 돌아왔다. 그러고 보니 페렌츠 2세의 아버지 터마시 나더슈디 남작은 헝가리에서 왕 다음 서열의 높은 직위를 역임한 사람이었다. 그는 『신약성서』를 헝가리어로 번역해 출간하는 등의 업적도 세웠다. 그래서 그런지 문화적으로 가치 있는 서적과 문서, 사진, 지도 등이 함께 전시되어 있었다.

그래도 포기하지 않고 지하실로 이어지는 문이 없는지, 탑 위에 무엇이 숨겨져 있지 않은지 샅샅이 뒤졌지만, 고문실이나 고문 도구로 보이는 장소나 물건은 결국 발견하지 못했다.

바토리 가문에 이상하리만치 정신 이상자가 많은 뜻밖의 이유는?

바토리 가문은 13~16세기에 중부 유럽에서 권세를 누린 명문 귀족 구트켈레드(Gutkeled) 가문에서 갈라져 나왔다. 이 가문은 용을 무찌른 전설적인 기사의 후예로, 가문의 문장에 용의 이빨이 들어가 있다.

이 가문에서는 헝가리에서 가장 높은 관직이었던 팔라딘 스테판 3세 바토리, 트란실바니아 공 이슈트반 5세 바토리, 폴란드 왕이자 헝가리 귀족 트란실바니아 공작이며 리투아니아 대공이었던 스테판 바토리(= 바토리 이슈트반) 9세, 헝가리 사법관 바토리 이슈트반 12세, 추기경 트란실바니아 공 앤드루 바토리 등 쟁쟁한 인물을 배출했다.

에르제베트의 부모도 모두 바토리라는 성을 썼는데, 아버지 조지 6세 바토리는 부다페스트 북부를 근거지로 삼았던 에체드(Ecsed)계였고, 어머니 안나 바토리는 와인 산지 퍼논헐머 일대를 영지로 삼았던 솜요(Somlyó)계였다. 열렬한 프로테스탄트였던 어머니는 신학교를 세우는 등 교양 보급에 힘썼다.

백작 가문의 장녀로 태어난 에르제베트는 어린 시절부터 남장을 즐겼고, 펜싱과 승마에 열중한 특이한 아이였다. 어학적 재능도 타고난 그녀는 모국어인 헝가리어 외에 독일어, 라틴어, 그리스어, 슬로바키아어를 읽고 쓸 수 있었으며, 수학적 재능도 탁월했다. 다만 이따금 발작을 일으키거나 이유 없이 분노를 표출하는 기벽이 있었다. 소녀 시절, 도둑질을 한 자에게 본보기를 보여준다며 말 안장에 옷을 꿰매어 끌고 다녀 죽음에 이르게 했다는 일화도 있다.

그녀의 광기는 막대한 재산을 지키기 위해 반복된 근친결혼에서 비롯되었다는 주장도 있다. 가까운 친척 중에도 상습 강간범이었던 장남 이슈트반, 사람들 앞에서 광기를 드러낸 여동생 클러러 버러디, 악마 숭배자인 숙부와 숙모 등 정신이상자가 많았다.

에르제베트는 열다섯 살에 스무 살이던 귀족 가문의 자제 나더슈디 페렌츠 2세와 결혼했다. 결혼식은 헝가리 왕 말리크샤 1세를 비롯해 4,500명의 하객을 초대해 성대하게 치렀다. 나더슈디 가문은 부유했으나 남작 가문이었기에 에르제베트는 결혼 후에도 백작 가문의 성인 바토리를 그대로 쓰고 남편의 성을 따르지 않는 방법으로 상속권을 유지했다. 부부는 10년 동안 자식이 없었으나 뒤늦게 다섯 명(헝가리어 자료에 따르면)의 자식을 얻었다.

당시 헝가리 왕국은 오스만 제국과 격렬한 전쟁을 치르고 있었는데, 그 전쟁에서 남편인 나더슈디 페렌츠는 기병대 대장으로 참전했다. 용감무쌍하게 전장을 누비는 그의 모습을 본 사람들은 그를 '검은 기사'라 칭했고, 전공을 인정받아 백작 작위를 받아 신분이 상승했다. 남편이 전장에 나가 싸우는 동안 영주로 재산을 관리한 에르제베트는 이재를 발휘해 재산을 불렸고, 유학 중인 영지 출신 아이들에게 교육 자금을 지원하기도 했다.

남편이 집을 비울 때가 많았으나 부부 사이는 원만했다. 남편에게 보낸 편지에서는 훗날 보여준 잔인한 모습을 전혀 찾아볼 수 없고, 남편을 그리워하는 정숙한 아내의 모습만 보인다.

한편 당시 귀족 가문에서는 불륜을 흔히 볼 수 있었다. 에르제베트도 남편이 출타 중일 때 외도를 저질렀는데, 남자뿐 아니라 여자와도 정을 통했다.

가끔 전장에서 돌아온 남편은 흥분해서 시종에게 벌을 주기도

했다. 에르제베트가 시종에게 고문 비슷한 벌을 주며 맛본 쾌감을 남편에게서 배웠다는 설도 있다.

젊어지는 듯한 느낌 때문에 연쇄 살인을 저지르고 끊임없이 피에 탐닉한 에르제베트

에르제베트는 남편이 세상을 떠난 뒤, 거주하던 차흐티체성에서 만행을 저질렀다. 어느 날 시종의 딸이 에르제베트의 머리카락을 빗겨주다가 실수로 엉킨 머리 타래를 잡아당기고 말았다. 이에 격노한 에르제베트는 시종의 따귀를 때렸는데, 시종이 혀를 질끈 깨물며 날아간 핏방울이 우연히 에르제베트의 손에 묻었다. 그런데 얼마 후 피가 묻은 피부가 매끈하게 젊어지는 것처럼 보였다. 이 사건을 계기로 에르제베트는 젊은 아가씨의 피를 갈구하게 되었다.

피로 젊음을 되찾을 수 있다고 믿게 된 에르제베트는 젊은 아가씨를 지하실에 감금하고 산 채로 피를 짜냈다. 손가락을 바늘로 찌르고, 손톱을 뽑고, 손가락을 자르고, 천장에 거꾸로 매단 다음 칼로 난자해 아래에 놓아둔 통에 피를 채우는 방식으로 단계적으로 작업했다. 또 입을 실로 꿰매고, 성기에 불을 붙여 도려내는 등 정상의 범주를 한참 넘어서는 잔혹한 고문이 이루어졌다.

대규모 살인극이 벌어졌던 차흐티체성

마지막에는 자신의 미모와 젊음을 유지하기 위해 처녀의 생피를 욕조에 채우고 몸을 담그는 과정으로 마무리했다. 그리고 젊은 아가씨가 신음하며 숨이 끊어지는 모습을 은은한 미소를 띤 채 지켜보았다.

차흐티체성 인근 아가씨들의 행방이 점차 묘연해졌다. 마을 아가씨만으로 만족하지 못한 에르제베트는 하급 귀족의 딸들에게까지 손을 뻗쳤다. 예의범절을 가르쳐준다며 성에 초대해서 자신의 욕구를 채웠다.

결국 지나친 욕심이 화를 불러왔다. 어느 날 하급 귀족의 딸이 감시가 허술한 틈을 타 성에서 도망쳐 나와 구조를 요청했다. 이 이야기를 들은 교회 사제가 고발장을 제출해 사건의 전모가 백일하에 드러났다.

1610년 12월 27일, 에르제베트의 후견인이었던 사법관 조르지 트루조 백작은 헝가리 왕에게서 수사 명령을 받고 차흐티체성으로 신속하게 출동했다. 이틀 뒤 성에 도착한 트루조와 부하, 동행한 서른 명가량의 마을 사람은 정원에 방치된 한 아가씨의 시신을 발견했다. 그리고 성안으로 발을 들이자 점점 더 많은 시신이 나왔다.

시신에는 바늘과 쇠꼬챙이로 찌른 무수한 상처와 채찍으로 맞은 흔적, 불로 지져 검게 탄 피부 등 고문 끝에 살해된 흔적이 역력했다. 아직 숨이 붙어 있는 반송장 상태의 아가씨도 섞여 있었다. 간신히 목숨을 부지한 아가씨의 증언에 따라 주범인 에르제베트, 시종으로 측근 역할을 했던 안나 더르불리아, 보모인 일로나 요와 도르치아 센텐슈, 세탁부였던 커터리너 베테츠키, 하인 여노슈 위버리, 이렇게 여섯 명이 공범으로 체포되었다.

해가 바뀐 1월, 트루조가 판사가 되어 재판을 집행했다. 흉악한 범죄가 세상에 전모를 드러냈고, 희생자의 수는 80명에 달했다. 그러나 에르제베트는 650명이라고 진술했다. 1월 7일, 다섯 명의 공범은 처형되었다. 그러나 그녀는 무기 금고형을 선고받고, 차흐티체성의 좁은 독방에 갇혀 두 번 다시 사람들 앞에 모습을 드러내지 않았다.

공범들과 달리 에르제베트가 처형을 면한 이유로 헝가리의 마차시 2세 국왕(훗날 신성 로마 제국의 마티아스 황제)이 자비를 베풀었고, 가문을 배려해 트루조가 손을 썼기 때문이라고 오랜 세월 알려져 있었다. 그런데 최근 몇 가지 새로운 사실이 밝혀졌다.

에르제베트의 바토리 가문,
합스부르크 가문의 눈엣가시가 되다

새로 밝혀진 사실을 소개하기 전에 당시 헝가리 왕국이 처한 상황에 대해 짚고 넘어가자. 헝가리 사람들은 종종 "모하치에서 모든 것을 잃었다"라고 입버릇처럼 말한다. 1526년에 헝가리 남부 모하치에서 오스만 제국 군대에 대패한 '모하치 전투'를 가리킨다.

이 전투에서 헝가리 왕 러요시 2세가 전사하자 선왕인 야기에우워 왕조 울라슬로 2세의 사위에 해당하는 합스부르크 가문의 페르디난드(나중에 신성 로마 제국의 페르디난트 2세)가 헝가리의 왕으로 즉위했다. 동시에 헝가리 귀족이 추대한 트란실바니아의 대영주 서포여이 야노시도 헝가리의 왕으로 즉위했다.

헝가리 왕국과 합스부르크 가문의 대립은 아들인 야노시 2세 시대까지 이어졌다. 헝가리 귀족의 힘이 점점 약해지자 왕위는 합스부르크 가문이 주도하는 세습제로 변했다. 오스만 제국은 1541년에 합스부르크 가문의 헝가리 왕위 계승을 승인하고, 그 대가로 헝가리의 영토 일부를 얻었다.

이렇게 헝가리는 북서부는 합스부르크 가문(오스트리아)이 지배하고, 남부는 오스만 제국이 차지했으며, 동부는 동헝가리 왕국(후대에 트란실바니아 공국)으로 분리되어 국가로서의 일체성을 상실했다.

귀족은 존재했으나 대부분 모하치 전투 이후 오스트리아 편으로 돌아서거나 헝가리에 연고가 없는 국외의 유력 귀족이었다. 예컨대 합스부르크 가문에 충성을 바쳐 백작 작위를 얻은 에스테르하지 가문, 나폴리 왕국을 지배한 앙주 시칠리아 가문의 지류인 앙주 헝가리 가문, 독일 중부의 작센 코부르크 고타 공국에서 갈라져 나온 작센 코부르크 코하리 가문, 신성 로마 제국 황제 카를 4세를 배출한 룩셈부르크 출신의 림부르크 룩셈부르크 가문 등을 꼽을 수 있다.

굴러온 돌이 박힌 돌을 빼내며 어수선한 와중에 에르제베트의 바토리 가문과 남편의 나더슈디 가문은 얼마 남지 않은 헝가리 귀족으로, 합스부르크 가문에 눈엣가시 같은 존재였다. 에르제베트가 체포된 1610년은 합스부르크 가문의 마차시 2세가 헝가리 왕으로 즉위한 지 3년째 되던 해였다.

마차시 2세는 오스만 제국과의 전쟁에서 두 번이나 직접 전장에 나가 싸운 천상 무인으로, 국정을 신하에게 맡기고 형인 루돌프 2세(신성 로마 제국 황제, 헝가리 왕과 보헤미아 왕 겸임)와는 견원지간이었다. 1611년에 마차시 2세는 프라하를 침공해 무력으로 보헤미아 왕좌를 빼앗았다. 그리고 9년 후에는 보헤미아에서 합스부르크 계열의 가톨릭과 지방 귀족인 프로테스탄트가 격렬하게 대립한 백산 전투(Battle of White Mountain, 빌라 호라 전투)가 발발했다.

이러한 사건 전후로 합스부르크 가문, 가톨릭과 헝가리 귀족, 프로테스탄트가 아귀다툼을 벌였다. 합스부르크 가문의 마차시 2세는 헝가리에서 프로테스탄트 진영의 선봉장 역할을 하는 바토리 가문의 앞길을 자신이 가로막고 있는 것처럼 여겨졌다.

에르제베트는 왜 세상과 단절된 채 철저한 입막음 조치를 당했을까?

세계사에서 유례를 찾아보기 어려울 정도로 잔인한 흉악 범죄를 저지른 에르제베트의 소행은 오늘날까지도 입에서 입으로 전해지고 있다. 그러나 21세기 들어 새로운 주장이 몇 가지 제기되었다. 에르제베트가 억울한 누명을 썼다는 설이 그것이다.

기존의 잔인한 대량 살인귀 이미지를 뒤집어엎는 주장을 한 사람은 사데츠키커르도스 이르머(Szádeczky-Kardoss Irma) 박사, 너지 라슬로(Nagy László) 박사, 헝가리사 전공인 비르코니 가보르(Várkonyi Gábor) 박사, 바토리 가문의 후예로 에르제베트의 오페라를 제작한 데니스 바토리키츠(Dennis Báthory-Kitsz) 등이다. 이들의 조사와 분석을 통해 사건의 진상에 접근해보자.

12월 29일, 조르지 트루조 백작 일행은 수사를 위해 차흐티체 성에 진입했다. 당시 성에 불을 질러 성안에 있던 사람들은 많든 적든 화상을 입었는데, 에르제베트는 상처 하나 없이 말쑥한 모습으로 발견되어 화재 현장에 있었던 흔적이 없었다. 이 점을 근거로 들어 트루조 일행이 성에 진입하기 전에 에르제베트는 이미 체포되어 구속된 상태였다는 주장이 제기되었다.

1606년 빈 조약으로 귀족은 공청회 없이 죄를 물을 수 없었다. 그러나 에르제베트는 공청회를 열지 않고 사형을 면했다고는 하나 평생 유폐된 채로 죗값을 치르다가 생을 마감했다. 속세를 떠나 수녀원에 살며 속죄하게 해달라고 그녀의 아들들이 탄원했으나 받아들여지지 않았다. 그녀를 세상과 철저히 단절시킨 조치는 에르제베트의 입을 막기 위한 엄격한 함구령에서 비롯되었다고 추정할 수 있다.

희생자의 수에 관해서도 명확한 증거가 없다. 혹독한 고문을 이기지 못한 시종들이 자백한 희생자 수는 36명에서 37명, 많게 잡아도 50명 정도로 추정되었다. 다른 자료에 따르면, 증언자의 4분의 3은 "두 명에서 네 명이 죽었고, 그조차 살인은 아니었다"라고 진술했다.

에르제베트의 '일기'에 기록된 희생자 이름이 증거로 채택되었는데, 그 일기가 그녀의 것인지도 의심스럽다. 헝가리 국립 공문서관에 보관된 32통에 이르는 에르제베트의 편지 글씨와 '일기'의 필체 및 서명이 다르기 때문이다. 즉, 누군가가 에르제베트를 함정에 빠뜨리기 위해 준비한 가짜 증거일 가능성이 농후하다. 그 밖에도 다음과 같은 사실이 지적되었다.

- 고문의 증거는 성안에서 거의 발견되지 않았다. 유일한 목격 증언은 트루조와 함께 진입한 부하와 마을 사람들 입에서 나왔다.
- 에르제베트에게 돈을 빌린 다른 국가의 영주 대부분은 대출금을 상환할 수 없는 상태였고, 마차시 2세도 채무자 중 한 사람이었다.

현장에 급파되어 최초로 사건을 조사한 트루조가 이 수수께끼를 풀 중요한 열쇠를 쥐고 있었다. 그는 에르제베트의 후견인으로 바토리 가문의 재산 관리인이었다. 그를 후견인으로 선정한 사람은 에르제베트의 남편인 나더슈디 페렌츠였다. 그런데 트루조를 후견인으로 선정한 뒤 세상을 떠나, 그의 죽음에 석연치 않은 부분이 있다.

참고로, 2008년에 개봉한 유라이 야쿠비스코 감독의 영화 〈바토리(Bathory)〉에서는 트루조의 음모로 에르제베트가 '피의 백작부인'으로 둔갑했다고 표현했다.

그녀의 악행이 사실일까,
아니면 억울한 누명을 썼을까?

새로 밝혀진 사실을 바탕으로 진실에 한 걸음 더 다가가보자. 12월 27일, 마차시 2세는 사법관 트루조에게 에르제베트의 성을 수색하도록 명령했다. 이것은 실질적으로 체포 명령이나 다름없었다.

헝가리에서는 현재 크리스마스이브인 12월 24일부터 26일까지를 공휴일로 정하고 있다. 크리스마스 기간에는 성당에서 미사를 드리지만, 일반적으로 가족과 조용히 연휴를 지낸다. 그리고 마찬가지로 공휴일로 지정된 1월 1일까지 온 나라가 휴가 분위기에 접어든다.

재판 기록에는 '크리스마스 후인 27일'이라고 기록되어 있으므로 당시에도 마찬가지로 크리스마스를 축하했다고 추정할 수 있다. 따라서 오늘날보다 종교의 영향력이 강했던 시대에 민중을 불안하게 만드는 흉악 범죄를 하필이면 크리스마스 기간에 공개하지는 않았을 가능성이 크다. 왕도 크리스마스 휴가가 끝난 뒤 명령을 내렸고, 전쟁과 재해 등 긴급사태가 아니라면 굳이 크리스마스 기간에 민심을 들쑤실 이유가 없다. 그런데도 새해가 밝을 때까지 기다리지 않고 트루조에게 성안으로 진입하라고 명령을 내렸다.

한편 트루조도 말을 달려 서둘러 출동했다. 왕의 명령이 아니라면 급하게 움직이지 않았을 것이고 움직일 이유도 없었을 것이다. 오히려 출동할 것을 알고 대기하고 있었다고 보는 것이 자연스럽다.

또 사건 소식이 지방 경찰과 관청에 전해졌을 때 사법관인 트루조가 후견인인 에르제베트를 도왔다면 사건의 전말이 왕의 귀에까지 들어가지 않고 적당히 덮을 수도 있었을 것이다. 적어도 "좋지 못한 소문이 돌고 있는데, 사실입니까?"라고 에르제베트에게 물어볼 수 있었는데, 무슨 연유에서인지 트루조는 그 과정을 모두 건너뛰었다.

시종 등 공범으로 몰린 다섯 명이 고문을 당했는데, 에르제베트의 살인을 인정하라고 강요했을 가능성은 없을까? 증인을 서둘러 처형한 것은 그들의 입을 막기 위해서였다고 볼 수 있다. 또 '도망친 하급 귀족 딸의 고발'이 미리 꾸민 증언이었을 가능성도 부정할 수 없다.

성으로 들이닥친 날 하필이면 '정원에 희생된 아가씨들의 시신이 방치되어 있었다'는 사실도 수상한 냄새를 풍긴다. 또 성안에 수많은 시신이 무더기로 방치되어 있었다면 한여름이 아니라도 악취가 진동했을 것이고, 그렇다면 성에서 생활하는 상류계급 사람들이 견디기 힘들었을 것이다. 또 시신 썩는 냄새가 퍼졌다면 근처에 사는 영지 주민들이 수상하게 여겼을 수도 있다. 논리적으로 보면 성안에 구덩이를 파고 시신을 묻었어야 하는데, 오늘날까지도 성 주위에서 백골화된 시신이 무더기로 발견되었다는 이야기는 들리지 않는다.

무엇보다 작은 시골 마을에서 몇백 명이나 되는 젊은 아가씨가 줄줄이 성으로 불려갔다는 것도 말이 되지 않는다. 성으로 불려간 아가씨들이 돌아오지 않았다면 아무리 영주의 힘이 막강한 시대라고 하더라도 소문을 막을 수 없었을 것이다.

이렇게 보면 헝가리의 왕 마차시 2세, 조르지 트루조 백작에게 의혹의 눈길이 쏠릴 수밖에 없다. 그들은 적어도 진실의 단편이나마 알고 있지 않았을까.

끔찍한 사건 이후 100년이 지나 책이 출간되면서 비로소 세상에 알려지다

에르제베트가 일으킨 '650명의 처녀 살해'는 사건이 벌어지고 약 100년이 흐른 1729년에 러슬로 투라치(Laszló Turáczi)의 책이 출간되면서 세상에 알려졌다. 이 책에 처음으로 '피의 목욕'이 등장한다. 그러나 이 책은 지역의 구전을 채록해서 정리한 것으로, 말하자면 전래동화 같은 것이었다.

참고로, 소설과 영화 등에서 '피의 목욕' 장면이 자주 등장하는데, 이 역시 억울한 누명일 가능성이 있다. 에르제베트는 인체와 약초에 관심이 있었고, 각종 요법에 관한 지식도 가지고 있었다. 성의 지하에서 병원처럼 의술을 펼치기도 하고, 때로는 해부까지 이루어졌다. 그녀가 심장과 내장을 도려내거나 피를 욕조에 채웠다는 주장은 근대적 의학 연구에 대한 오해였다고 추측할 수 있다.

첫 책이 나오고 나서 학자인 마티아스 벨디(Matthias Beldi)가 헝가리 백과사전에 에르제베트에 관한 항목을 기술하면서 다시 한번 세간의 관심이 집중되었다. 그리고 다시 세월이 지나 21세기에 이르는 현재까지, 에르제베트를 소재로 한 작품이 여러 편 발표되었다. 장르는 소설, 논픽션, 만화, 공포영화, 역사영화, 게임, 포르노까지 다양했는데, 대개 사실과 창작이 뒤죽박죽으로 섞여 있다. 대중매체에 의해 흥밋거리로 전락한 에르제베트는 '650명의 처녀를 잔인하게 살해한 백작 부인'이라는 불명예스러운 꼬리표를 달게 되었다.

에르제베트의 형이 확정된 후 헝가리에서는 그녀에 관한 기록은 물론이거니와 이름을 입에 올리는 행위도 금지되었다. 그리고 에르제베트는 유폐된 지 3년 만인 1614년, 독방에서 "손이 얼음장처럼 차네요"라고 간수에게 호소한 다음 날 아침에 숨이 끊어진 채로 발견되었다. 만약 새로 제기된 주장이 사실이라면 그녀의 마지막 한마디는 다르게 받아들여질 수 있을 것이다. 에르제베트만큼 고독하고 가련한 여성도 없지 않을까? 한편 에르제베트가 사망하고 나서 2년 뒤 트루조도 고인이 되었고, 아들 대에 백작 가문의 대가 끊어졌다. 에르제베트의 저주일까 아니면 인과응보, 즉 악행에 대한 업보일까?

⑧

'극장형 범죄'의 효시가 된 희대의 잭 더 리퍼 연쇄 살인 사건

'리퍼학', '리퍼 연구자'라는 신조어까지 만들어낸 희대의 엽기 연쇄 살인 사건

1888년, 영국의 수도 런던에서 주로 거리에서 몸을 파는 여성들을 난도질한 엽기적인 연쇄 살인 사건이 발생했다. 그렇지만 130년도 더 지난 지금까지 미궁에 빠진 채 범죄사의 한 장을 차지하고 있다.

이 사건은 여전히 사람들의 기억에서 사라지지 않고 있다. 또한 앨프리드 히치콕 감독의 고전 영화 〈하숙인: 런던의 안개 이야기(The Lodger: A Story of the London Fog)〉(1927)부터 1999년에 출간된 앨런 무어의 만화 『프롬 헬(From Hell)』을 원작으로 만든 영화 〈프롬 헬〉(2002)까지 이루 헤아릴 수 없이 많은 대중문화 작품에 영향을 미쳤다. 잭 더 리퍼의 연쇄 살인 사건은 10편 이상의 영화와 TV 드라마, 소설과 애니메이션, 게임에 이르기까지 다양한 매체에 등장했다.

세월이 지났음에도 이 사건은 빛이 바래지 않고 있다. 이 사건이 '리퍼학(ripperology)', '리퍼 연구자(ripperologist)'라는 신조어까지 만들어내며 수많은 이를 매료시킨 데는 몇 가지 이유가 있다. 첫째, 이 사건은 범인이 서명한 편지를 신문사에 보내는 등 '극장형 범죄(성명문에서 범인은 자신을 잭 더 리퍼Jack the Ripper라고 칭했다)'의 원조였다. 둘째, 외과의사, 화가, 왕실 관계자 등이 용의자 목록에 이름을 올렸으나 지금도 범인을 특정하지 못하는 미제 사건이다. 셋째, 메스처럼 날카로운 날붙이로 피해자를 난도질했을 뿐만 아니라 장기까지 도려내는 등 엽기적인 범죄 행각을 벌인 흉악한 사건이었다.

사건 현장은 런던 동부, 잉글랜드 은행을 비롯한 금융기관과 런던 증권 거래소 등이 있는 시티오브런던과 인접한 이스트엔드 지역이다. 최근에는 부티크와 갤러리, 카페가 즐비해 최신 문화를 선도하는 지역으로, 2012년 런던 올림픽 당시 세워진 퀸 엘리자베스 올림픽 공원을 자랑하는 재개발의 상징적 존재다. 그러나 일부를 제외하면 치안 상태가 좋지 못한 것은 예나 지금이나 마찬가지다.

사건이 발생한 1888년 빅토리아 여왕 시대 당시 대영 제국은

'태양이 지지 않는 나라'라는 수식어가 말해주듯 최전성기를 구가했다. 그 원동력은 산업혁명이었다. 기술 혁신이 이루어지자 일자리를 찾아 지방 노동자들이 런던으로 몰려들었다. 또 유럽 대륙에서 유입된 이주 노동자들, 박해를 피해 건너온 유대인 등도 많았다.

사건이 일어난 이스트엔드의 화이트채플 지구에는 이주민 중에서도 최하층 사람들이 주로 살았다. 그 일대에 있는 양조장, 식육 처리장, 가죽을 두무질하는 공장 등에서 흘러나온 폐수로 인해 항상 지저분하고 악취가 코를 찔렀다. 일자리를 찾지 못한 사내들이 거리를 어슬렁거리고 구걸하는 거지들이 떼를 지어 골목을 점령했다.

밤이 되면 거리에서 몸을 파는 여성들이 모퉁이에 서서 호객행위를 했다. 화이트채플 주변에만 62개의 윤락 업소가 있었고, 윤락업에 종사하는 여성이 1,200명이 넘었다. 런던의 대표적 인구 과밀 지구인 화이트채플은 하루도 조용할 날이 없는 범죄의 온상 같은 지역이었다.

연쇄 살인 사건은 1888년 8월 31일부터 11월 9일까지 약 2개월에 걸쳐 벌어졌다. 이 시기를 전후해서 벌어진 유사 사건까지 포함하면 11건에 달한다. 그중에서 우리가 소개할 5건은 동일범의 소행이 확실한 것으로 추정된다. 그럼 사건들이 벌어진 현장으로 가보자.

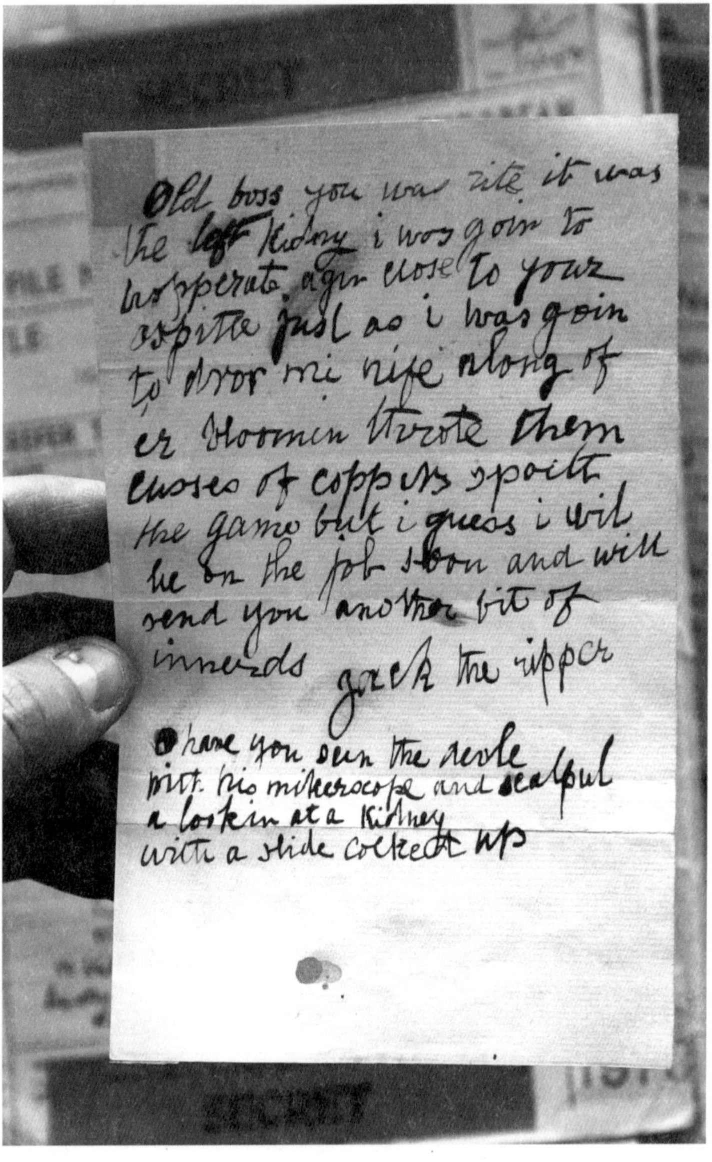

Old boss you was rite it was
the left Kidny i was goin to
hopperate agin close to your
ospitle just as i was goin
to dror mi nife along of
er bloomin throte them
cusses of coppers spoilt
the game but i guess i wil
be on the job soon and will
send you another bit of
innerds
Jack the ripper

O have you seen the devle
with his mikerscope and scalpul
a lookin at a Kidney
with a slide cocked up

1888년 10월 16일에 보낸, 잭 더 리퍼가 작성한 것으로 추정되는 편지

참혹한 시신으로 발견된 최초 피해자 메리

최초 피해자는 메리 앤 니컬스(43세)였다. 수사 기록에 따르면, 그녀는 런던 시내 출신으로 157.5센티미터 키에 눈동자는 갈색이고 머리카락은 백발이 드문드문 섞인 암갈색이었다. 메리는 열여덟 살에 인쇄공과 결혼해 3남 1녀를 두었다. 그러나 그녀가 입원 중일 때 남편이 간호사와 외도를 저지른 사실을 알고는 절망한 나머지 자녀를 두고 집을 뛰쳐나와 술독에 빠져 지냈다. 결국 24년 동안 이어진 결혼 생활이 파경을 맞았다. 남편은 자기 잘못을 인정하고 법적으로 부양 의무를 다하기 위해 격주로 5실링을 보냈는데, 메리는 그 돈을 술값으로 탕진했다. 생활에 쪼들린 메리는 매춘에 발을 들였는데, 그녀가 부적절한 일로 돈을 번다는 사실을 알게 된 남편이 재판에서 승소하며 생활비를 아예 끊어버렸다.

돈줄이 끊긴 메리는 친정아버지 집에 들어가 더부살이를 시작했다. 그러나 1년 남짓 눈칫밥을 먹으면서 버티다가 아버지와의 불화로 친정에서도 나왔다. 그 뒤 대장장이와 동거를 시작했으나 그 생활도 오래가지 못해, 결국 구빈원의 문을 두드릴 수밖에 없었다. 그리고 가까스로 가사도우미 자리를 구했으나 3파운드 10실링 상당의 옷을 훔친 것이 발각되어 두 달 만에 해고되었다. 그 후로는 싸구려 공동 하숙을 전전하며 생활했다.

1888년 8월 31일 새벽 1시가 지날 무렵, 메리는 숙박비를 내지 못해 하숙에서 쫓겨났다. 그 당시 공동 하숙의 숙박비는 하루에 4펜스였는데 메리의 1회 서비스료는 싸구려 진 한 잔 값에 해당하는 3펜스였다.

"괜찮아, 이 모자가 있으니까 금방 한 놈 물어 돈 벌어서 돌아올게."

메리는 같이 살던 에밀리에게 이 말을 남기고 밤거리로 나갔다. 자신의 신분에 어울리지 않게 검은 벨벳으로 테두리를 두른 세련된 보닛은 그녀의 소중한 장사 도구였다.

2시 반경에 에밀리는 오즈번 스트리트와 화이트채플 로드의 모퉁이에서 메리를 발견했다.

"사흘 치 방값을 벌었는데 홀랑 다 마셔버렸지 뭐야."

메리는 벽에 기대어 술 냄새를 풀풀 풍기며 말했다. 번 돈을 모조리 술값으로 탕진한 그녀는 숙박비를 벌려고 다음 손님을 물색 중이었다. 하지만 그것이 그녀의 마지막 말이었다.

한 시간 정도 지난 3시 40분경, 벅스로(현재 더워드 스트리트)를 달리던 짐마차의 마부가 허리 부근까지 치마가 치켜올라간 채 엎드린 자세로 쓰러져 있는 여자를 발견했다. 메리였다.

신고를 받고 달려온 경찰은 너무나 참혹한 시신의 모습에 자신의 눈을 의심했다. 앞니 다섯 개가 빠지고, 목과 귀 아래, 목 양쪽을 10~20센티미터가량 칼로 벗겨낸 처참한 모습이었다. 자상이

식도와 척수까지 이어지고, 복장뼈에서 치골까지 아래 방향으로 너덜너덜하게 난도질당해 내장이 노출되어 있었다. 성기에도 두 군데나 자상이 있었다. 사인은 과다 출혈이었다.

이 사건이 일어난 이후 교묘하게 날붙이를 사용한 범죄는 가죽을 다루는 무두장이의 소행이라는 소문이 돌았고, 범인을 '가죽 앞치마(leather apron)'라 부르게 되었다. 또 날붙이를 그은 방향이 왼쪽에서 오른쪽을 향해 범인은 왼손잡이로 추정되었다(하지만 다른 주장도 있었다). 얼마 후 폴란드계 유대인 구두 직공이 체포되었으나 알리바이를 인정받아 풀려났다.

주간지 《맨체스터 가디언》이
'가죽 앞치마'의 소행이라고 대서특필한 까닭은?

두 번째 피해자는 런던 시내 출신으로, 152.4센티미터 키에 다부진 체구의 애니 채프먼(47세)이었다. 머리카락이 암갈색이라서 사람들은 그녀를 '다크 애니'라고 불렀다. 눈동자는 푸른색이고 코는 큼직하며 치열은 가지런했다.

애니의 사연도 최초의 피해자 메리와 비슷했다. 애니는 스물여덟 살에 마부와 결혼해 1남 2녀를 낳았다. 그런데 막내아들이 장애를 안고 태어났다. 얼마 후 큰딸이 열두 살에 병으로 죽자 부부는 술로 슬픔을 달랬고, 결혼 생활 15년 차에 접어들었을 때 별거에 들어갔다.

밑바닥 인생을 살아가는 사람들이 모여드는 이스트엔드의 화이트채플 지구로 흘러들어온 애니는 벽돌공과 동거했다. 그동안 남편이 매주 10실링의 생활비를 보내주었으나 그가 알코올 중독으로 사망하면서 그마저 끊어졌다. "돈줄이 끊기면 인연도 끊긴다"라는 말이 있듯, 애니와 동거하던 남자는 정기적으로 들어오던 돈줄이 사라지자 그녀를 떠났다. 이후 애니는 공동 하숙에서 생활했다. 평소에는 코바늘로 편물을 짜고 꽃을 팔아 생계를 유지했으나 돈이 떨어지면 몸을 팔아 생활비를 충당했다. 그녀를 아는 사람들은 "술을 마시지 않을 때는 성실하고 친절했다"라고 평가했다.

애니는 같은 공동 하숙에 살던 일라이자라는 윤락 여성과 손님을 공유할 정도로 친해졌다. 어느 날 일라이자가 빌려준 비누를 돌려달라고 독촉하자, 애니는 "이걸로 반 페니짜리 비누라도 사고 꺼져버려!"라며 1페니 동전을 탁자에 내던졌다. 이날은 그럭저럭 수습되었다. 그러나 며칠 후 근처 술집에서 다시 마주치자 애니는 일라이자의 뺨을 때리며 독설을 내뱉었다.

"이 정도로 끝나는 걸 다행으로 여겨!"

머리끝까지 화가 난 일라이자는 애니의 눈에 주먹을 날렸다. 둘이 드잡이하며 생긴 멍이 부검할 때까지 그대로 남아 있었다.

"속이 안 좋아서 아무것도 못 하겠어. 하지만 열심히 돈 벌어 방값이라도 마련해야 노숙 신세를 면하지."

살해당하기 며칠 전, 길에서 마주친 지인에게 애니는 지쳐 쓰러질 듯한 모습으로 하소연했다.

9월 8일 깊은 밤, 애니는 스피털필즈 인근의 술집 '더 텐 벨스(The Ten Bells)'의 문을 나선 뒤 커머셜가를 종종걸음으로 걸어갔다(이 술집은 지금도 영업 중이다). 그리고 새벽 5시 30분경, 핸버리가 29번지 뒤편에서 그녀보다 약간 키가 큰 사슴사냥 모자를 쓰고 외투를 입은 외국인처럼 보이는 남자와 서서 이야기를 나누는 모습이 목격되었다.

그리고 불과 30분이 지난 6시경, 애니의 참혹한 시신이 발견되었다. 치마가 허리 언저리까지 들춰져 있어 빨간색과 하얀색 줄무늬 스타킹이 그대로 드러났다. 목이 졸린 탓인지 얼굴이 부어 혀가 비어져 나온 흉측한 모습이었다. 메리처럼 목이 왼쪽에서 오른쪽으로 그어져 있었다. 목 주위는 너덜너덜하게 절단되어 약간의 살가죽만으로 몸통과 이어진 상태였다. 하복부를 난도질당해 비어져 나온 장기들이 양어깨에 걸쳐져 있고, 다른 장기들도 여기저기 흩어져 있었다. 이번에도 자궁을 도려내 가져간 사건이었다.

상황을 보건대 해부학 지식이 있는 자의 범행이거나 장기 매매를 위한 범행일 수 있다는 소문이 돌았으나 모두 억측의 범위를 벗어나지 못했다. 당시 주간지《맨체스터 가디언(Manchester Guardian)》(현재《가디언》으로 이름을 바꾸고 일간지로 변경)은 '가죽 앞치마'의 소행이라고 대서특필했다. 경찰은 대대적인 수사를 벌여 영국인 요리사, 스위스인 정육업자, 독일인 이발사 등 여러 용의자를 구속했으나 모두 증거 불충분으로 풀어줬다.

세 번째 피해자 엘리자베스의 내장을 도려내지 않은 이유

세 번째 피해자 엘리자베스 스트라이드(44세)는 스웨덴에서 두 번째로 큰 도시인 예테보리 인근의 토르슬랜더라는 농촌 마을 출신이었다. 다른 피해자는 런던에서 빈곤층으로 생활하며 가끔 몸을 팔아 생계를 꾸리던 거리의 여성이었으나, 엘리자베스는 고향에서부터 윤락업에 종사해 거리 생활에 이골이 나 있었다. 당시 기준으로 키가 매우 큰 165센티미터라서 사람들은 그녀를 '키다리 리즈'라고 불렀다(157센티미터였다는 설과 별명의 유래를 두고도 다른 설이 있다). 눈동자는 밝은 초록색, 머리카락은 곱슬기가 있는 암갈색으로, 살해 당시에는 위 앞니가 빠져 있었다.

엘리자베스 가족은 그녀가 스물세 살 때 런던으로 이주했다. 그녀는 런던살이를 시작하고 얼마 후 열세 살 연상인 선박 목수와 결혼했다. 부부가 카페를 연 적도 있으나 경영상 어려움을 겪다가 별거 생활에 들어갔다. 별거 후에는 기존 희생자와 마찬가지로 화이트채플의 공동 하숙에 몸을 의탁했다. 남편은 이혼한 지 3년 후 결핵으로 사망했다. 두 사람 사이에 자녀는 없었다.

3개 국어에 능통한 엘리자베스가 공동 하숙에 사는 밑바닥 인생으로 전락한 것은 음주벽 때문이었다. 그녀는 낮에는 청소부로 일하고 밤에는 길모퉁이에 서서 손님을 기다렸다. 엘리자베스가 온화한 성격이었다고 평하는 사람도 있으나, 실제로는 곤드레만드레 취해 난폭하게 술주정하다가 때로는 경찰서 철창 신세를 지기도 했다.

사건 전날인 9월 29일 밤, 엘리자베스와 손님으로 추정되는 남성이 접촉하는 모습이 목격되었다. 첫 번째는 23시경 중산모자를 쓴 정장 차림의 콧수염을 기른 키가 작은 남성이었고, 두 번째는 23시 45분경 챙 달린 모자를 쓴 남성이었으며, 세 번째는 30일 0시 35분경 펠트 모자를 쓴 남성이었다. 또 0시 45분경 엘리자베스가 더트필즈 야드 노상에서 습격을 받고 땅바닥에 쓰러진 모습을 목격했다는 증언도 있다.

기록에 따르면, 범인은 근처에 있던 남자를 향해 "리프스키(독살범으로 교수형이 집행된 폴란드계 유대인)!"라고 큰 소리로 외치며 도주했다고 한다. 이와 별개로 0시 45분경, 현장 부근에서 엘리자베스보다 약간 키가 크고 풍채가 좋은 사내의 제안을 그녀가 거절하는 모습을 목격했다는 증언도 있다.

어쨌든 30일 새벽 1시가 되기 전에 엘리자베스는 시신으로 발견되었다. 의사가 달려왔을 때는 아직 몸이 따뜻했다. 목에 감은 네커치프를 뒤에서 불시에 잡아당겨 쓰러뜨린 듯했다. 왼쪽에서 오른쪽으로 15센티미터 정도 잘린 목 상처가 경동맥에 닿아 있었다.

기존 피해자처럼 내장을 도려내지 않은 것은 범인이 통행인의 기척을 느껴 현장에서 서둘러 도주했기 때문이라고 추정되었다. 범행 도중 방해를 받아 욕구를 충족하지 못한 범인은 한 시간도 지나지 않아 네 번째 피해자를 새로운 제물로 삼았다.

이 사건은 다수의 목격자와 증언이 있었으나, 결국 범인을 체포하는 데까지는 이르지 못했다.

경찰서 유치장에서 30분만 더 잠들어 있었더라면……

네 번째 피해자인 캐서린 에드워즈(46세)는 엘리자베스 스트라이드가 시신으로 발견되고 약 50분 지난 1시 45분경에 주검으로 발견되었다.

캐서린은 잉글랜드 중부 울버햄프턴 출신으로, 152.4센티미터 키에 눈동자는 옅은 갈색이고 머리카락은 거무스름한 적갈색이었다. 그녀의 아버지는 양철 장인으로, 11명의 형제자매가 있는 대가족 집안에서 자랐다. 그녀는 가족과 함께 런던으로 이사 온 뒤 전직 군인이었던 토머스 콘웨이와 사귀어 결혼하지 않은 채 2남 1녀를 낳았다. 검시에 따르면, 그녀의 왼쪽 팔에는 토머스 콘웨이의 머리글자인 TC가 문신으로 새겨져 있었다.

캐서린도 술에 빠져 밑바닥 생활로 추락하며 집을 나왔다. 그리고 가출 후 알게 된 남자와 스피털필즈에 있는 하룻밤에 4펜스짜리 공동 하숙에서 생활하기 시작했다. 방값은 매춘으로 마련했다. 지인의 이야기에 따르면, 그녀는 약간 기가 세기는 했지만 항상 콧노래를 흥얼거리는 등 밝고 영리한 여성이었다.

사건 전날인 9월 29일 20시 30분 무렵, 고주망태가 된 캐서린은 올드게이트 하이 스트리트를 갈지자로 비틀비틀 걷고 있었다. 행인에게 횡설수설 술주정을 늘어놓다가 허리를 숙여 인사하더니 땅바닥에 무너지듯 쓰러져 잠들어버렸다. 지나가던 경찰관 두 명이 힘을 합쳐 캐서린을 경찰서로 옮겼다.

"이름 같은 것 없다고요!"

캐서린은 신원을 묻는 경찰관에게 이름조차 밝히지 않았다. 결국 술이 깰 때까지 유치장에 갇히는 신세가 되었다.

이튿날 0시 15분경, 유치장에서 캐서린의 노랫소리가 들렸다. 유치장 담당 경찰관이 살피러 오자 퉁명스럽게 물었다.

"언제 내보내주실 거예요?"

"몸이라도 추스를 정도 되면 내보내주지."

"아, 그럼, 지금 내보내주세요."

그녀는 내보내달라고 고집을 부렸다. 그때가 0시 55분이었다.

"지금 몇 시죠?"

귀가하는 그녀가 시간을 묻자 경찰관이 대꾸했다.

"지금부터 마시기에는 너무 늦은 시간이지."

"안녕히 주무세요, 늙다리 수탉 씨."

그녀는 인사를 남기고 경찰서를 나섰다.

만약 30분만 더 유치장에서 잠들었더라면 그녀는 목숨을 건졌을지도 모른다.

경찰서를 나서 왼쪽으로 꺾으면 사건 현장인 미트레 광장으로 이어지는데, 그중 한 길을 잭 더 리퍼가 역방향으로 걷고 있었던 것으로 추정된다. 광장에는 큰 창고가 세 채 있고, 근처에는 유대인 회당인 시나고그와 정육점, 식육 처리장 등이 있었다.

1시 45분, 순찰 중이던 경찰관이 광장 남서쪽 구석에서 캐서린의 시신을 발견했다. 경찰관은 랜턴을 들고 12~14분 간격으로 순찰하는데, 1시 30분에 왔을 때는 시신이 없었다. 순찰 경찰관은 시야가 훤히 트인 광장에는 몸을 숨길 곳이 없다고 증언했다. 이 증언이 사실이라면 불과 15분 사이 범행을 저지른 셈이었다.

위를 보고 누운 채로 나뒹구는 시신의 왼쪽 다리는 똑바로 뻗어 있고, 오른쪽 다리는 무릎 언저리에서 구부러져 있었다. 목은 예리한 날붙이로 절단되어 경동맥에 닿아 있었다. 복부를 세로로 절개하고, 장기를 대부분 끄집어내 오른쪽 어깨에 올려두었다. 왼쪽 신장은 절제해서 가져간 듯했다. 얼굴에는 양쪽 눈꺼풀과 양쪽 뺨에 열상이 있고, 코와 오른쪽 귀 일부가 잘려 있었다.

검시의는 왼쪽 신장을 깔끔하게 절제한 솜씨로 보아 범인이 어느 정도 해부학 지식을 지닌, 식육 처리 종사자일 가능성이 높다는 가설을 내놓았다. 그러나 다른 검시의는 이를 부정하고 범인에게는 해부학 지식이나 기술이 없다고 기록했다.

범인은 이 사건에서 큰 물적 증거를 남겼다. 사건 현장 부근을 수색했더니 굴스턴 스트리트에서 캐서린이 입었던 앞치마 일부가 발견되었다. 앞치마에는 혈액과 분변이 묻어 있었다. 그리고 앞치마가 발견된 장소 벽면에 하얀 분필로 유대인을 비난하는 낙서가 있었다.

그 부근에 많은 유대인이 거주하고 있어 이 낙서의 존재가 알려지면 폭동이 일어날 위험이 있다고 우려한 스코틀랜드 야드(런던 경찰국의 별칭)는 경시총감의 명령으로 이 낙서를 지워버렸다. 그러나 사진을 찍지 않고 지워버려 지금까지도 명확하게 밝혀지지 않고, 증인에 따라 증언 내용이 다르다.

① 런던 경찰국 순경(최초 발견자)

The Juwes are the men that will not be blamed for nothing.

② 런던시 경찰

The Juwes are not the men that will not be blamed for nothing.

③ 런던시 측량기사

The Juws are not the men To be will not be blamed for nothing.

④ 런던 경찰국(보고서)

The Juwes are not the men to be blamed for nothing.

먼저 'Juwes' 또는 'Juws'는 'Jews(유대인)'의 철자 실수로 볼 수 있다. 이어서 'not'과 'nothing'은 코크니(cockney, 런던 동부 지역 노동자 계급의 어투) 특유의 이중부정이다. 이를 일반적인 영어로 바꾸면 'Jews will not take responsibility for anything(유대인은 무슨 짓을 해도 벌을 받지 않는다)'가 될 수 있다.

이 낙서의 어법과 내용을 둘러싸고 갖가지 추측과 억측이 난무했다. 범인은 유대인이며 그 범인이 유대인을 비난하고 있다는 설, 범인이 유대인에게 누명을 씌우기 위해 일부러 이런 낙서를 했다는 설, 그리고 범인이 우연히 낙서가 있는 곳 옆에 앞치마를 버렸다는 설 등이다.

또 'Juwes'라는 틀린 철자는 프랑스어 'juives(영어의 Jewish)'와 비슷하다는 지적과, 당시 프랑스에서는 윤락 여성의 살해가 많았다는 점을 들어 프랑스인의 범행이라는 억측도 나왔다. 하지만 범인을 특정하는 단계까지는 이르지 못했다.

가장 참혹한 상태의 시신으로 발견된 20대 직업 여성 켈리

다섯 번째 피해자인 메리 제인 켈리는 아일랜드 출신으로 키가 170센티미터에 이르며, 눈동자는 푸르고 머리는 금발 혹은 빨간색(흑갈색이었다는 설도 있다)이었다.

그녀가 어릴 때 가족이 아일랜드에서 웨일스로 이사했다. 아버지는 제철소에서 일하는 노동자로, 아홉 명의 자식을 거둬야 하는 무거운 책임을 진 가장이었다. 메리는 열여섯 살에 탄광에서 석탄을 캐는 노동자와 결혼했으나 몇 년 후 갱도 폭발 사고로 남편이 사망했다. 젊은 나이에 과부가 된 메리는 런던으로 이주해 거리에서 몸을 팔았다. 메리는 아름다운 이목구비와 균형 잡힌 몸매에 하얀 앞치마를 걸쳐 청결한 분위기를 연출해 단골을 제법 확보했다. 그녀는 이스트엔드 구역에서 인기 있는 매춘부로, 다섯 명의 피해자 중에서 유일하게 직업적으로 몸을 파는 여성이었다.

다른 피해자는 모두 40대인 반면, 그녀는 스물다섯 살이었다. 벌이도 좋아 허름한 공동 하숙이 아니라 아파트를 임대해서 살고 있었다. 그러나 그 대가로 그녀는 더욱 참혹한 방법으로 살해당했다.

11월 8일 23시 45분경, 메리가 뚱뚱한 중산모자를 쓴 남자와 방에 들어가는 모습을 같은 아파트에 사는 동료 매춘부가 목격했다. 그리고 새벽 1시까지, 그녀의 노랫소리가 이웃에 울려 퍼졌다. 아파트의 다른 주민이 3시에 귀가했을 때는 메리 방의 불이 꺼져 있었다. 4시 무렵, 다른 주민 두 명이 "살인자!"라는 비명을 들었으나 워낙 치안이 좋지 않은 지역이다 보니 대수롭지 않게 넘겼다.

이튿날 아침 10시 45분경, 집주인의 심부름으로 수금원이 메리의 방을 찾았다. 그녀는 집세가 한 달 반이나 밀린 상태였다. 문을 몇 번 두드려도 아무런 반응이 없자, 수금원은 문 옆의 깨진 유리 틈 사이로 커튼 대신 안쪽에서 막고 있는 코트를 밀치고 집 안을 들여다보았다. 그런데 메리가 피범벅이 된 채로 침대에 누워 있었다.

사고 신고를 받고 출동한 경찰관이 현장에 도착해보니 지옥과도 같은 광경이 펼쳐져 있었다. 그녀의 복부와 넓적다리에서 벗겨낸 피부가 탁자에 걸쳐 있었으며, 배 속은 텅 비어 있고, 자궁과 신장은 머리 아래에 놓여 있었다. 간은 활짝 벌린 양다리 사이에 있고, 비장과 장은 각각 몸 좌우에서 나뒹굴었다. 양쪽 유방도 도려낸 상태였고, 붉게 물든 얼굴은 신원을 판별할 수 없을 정도로 수많은 자상에 덮여 있었다. 그리고 심장은 사라진 상태였다.

유일하게 상처가 없는 눈과 귀로 메리의 애인이 겨우 메리임을 식별할 수 있었다. 치명상인 목에 난 상처는 깊어서 목뼈까지 닿아 있었다. 범인은 먼저 예리한 칼로 난도질하고, 아무도 없는 방에서 두 시간가량 천천히 공들여 시신을 욕보인 듯했다.

이 사건을 계기로 범행은 막을 내렸다. 다수의 용의자가 경찰의 수사망에 올랐으나 결국 범인을 잡지 못했다. 경찰은 범인이 잔혹한 살인을 저지른 끝에 정신 이상을 일으켜 자살했다는 추측성 결과를 발표하고 수사를 종결했다.

범인의 이름을 '잭 더 리퍼'로
정착하게 만든 한 통의 편지

2018년 4월 30일, 맨 마지막에 "내가 잭 더 리퍼다"라고 적힌 엽서가 런던에서 경매에 부쳐졌다.

사건 당시 '잭 더 리퍼'를 자처하는 인물이 보낸 편지가 배달되었다. 극장형 범죄의 효시로 여겨지는 사건답게 범인이 보낸 편지는 700통이 넘었다. 그러나 대부분 장난 편지이거나 선정적인 대중지의 판매 부수를 늘리려고 조작한 가짜 편지였고, 범인이 보냈다고 추정되는 편지는 세 통밖에 없었다. 물론 이 세 통도 범인이 썼다는 확증은 없어 사건이 미궁 속으로 빠지는 한 요소로 작용했다.

1888년 9월 27일, 신문사 센트럴 뉴스 에이전시(Central News Agency)에 한 통의 편지가 도착했다. 봉투에는 이스트런던 우체국의 9월 25일 자 소인이 찍혀 있었다. 편지는 수사기관을 조롱하듯 도발적인 문구로 가득했고, 일부러 철자와 문법 오류를 조작했다는 추측도 나왔다. 전문은 다음과 같다.

친애하는 사장에게

경찰이 나를 잡았다고 입을 털면서도 아직 범인을 지목하지 못했지. 놈들이 세상 잘난 척 으스대며 올바른 길을 따라가는 듯 떠벌릴 때마다 웃음이 나와. 그 가죽 앞치마 농담을 듣고는 배꼽 빠지게 웃었지.
나는 창녀들이 싫어. 내가 쇠고랑을 차는 그날까지 계속 그년들을 찢어발기는 일을 멈추지 않을 거야. 나는 여자들이 비명을 지를 시간조차 주지 않았지. 제까짓 놈들이 나를 어떻게 잡겠어. 나는 내 직업을 사랑하고 다시 일할 순간을 고대하고 있어. 조만간 내가 재미난 놀이를 조촐하게 벌였다는 이야기를 듣게 될 거야. 가장 최근에 일하고 나서 잉크 삼아 쓰려고 붉은 것들을 적당히 진저비어 병에 받아놨는데, 풀처럼 곤죽이 되어 못 쓰게 돼버렸네. 대신 붉은 잉크가 충분한 대용품이 되기를. 하, 하.
다음번에는 여자들의 귀를 잘라 경찰관들에게 보내주려고 해. 순전히 재미를 위해서 말이야. 내가 좀 더 많은 일을 벌일 때까지 이 편지를 잘 간수해두라고. 내 나이프는 너무 잘 들고 날카로워서 기회가 생기면 당장이라도 작업을 벌이러 뛰쳐나가고 싶거든. 행운을 빌지.

당신들의 진실한 친구

잭 더 리퍼

예명만 알려준 걸 괘념치 말기를

*추신: 내가 두 손을 붉은 잉크로 흠뻑 적시기 전에 이 편지를 부쳐서 고맙지 않아? 빌어먹을! 운도 지지리 없지. 재수 옴 붙었어. 인간들이 이젠 나를 의사로 만들더군. 하, 하.

이 편지에서 최초로 '잭 더 리퍼'라는 이름이 등장했고, 이후 사건에 이 이름이 정착되었다. 참고로, '잭'은 영국에서 아주 흔한 이름이다. 잭 더 리퍼라는 이름을 선택했다는 점으로 보아 사람들을 깔보는 도발적인 범인의 프로파일을 그려볼 수 있다.

당시 영국에서는 20~30개의 신문과 기타 황색 언론이 대중의 관심을 얻기 위해 보도 경쟁을 펼치고 있었다. 센트럴 뉴스 에이전시는 자극적인 기사를 내세워 판매 부수를 늘리는 타블로이드 신문을 발간했다. 따라서 언론사들의 치열한 생존 경쟁에서 살아남기 위해 날조한 기사를 내보냈다는 의혹의 눈길이 쏟아지기도 했다. 하지만 이 편지가 도착하고 사흘 뒤 살해된 네 번째 피해자 캐서린의 시신에서 범인이 예고한 대로 귀 일부가 절단되어 있었다.

범인의 편지 속 '더블 이벤트'는 무슨 의미일까?

첫 번째 편지가 도착하고 나서 나흘이 지난 10월 1일, 다시 센트럴 뉴스 에이전시 앞으로 '잭 더 리퍼'라는 이름이 적힌 엽서가 배달되었다(소인은 같은 날). 핏자국이 말라붙은 그 엽서의 내용을 살펴보자.

> 요전에 늙은 사장에게 한 충고는 장난이 아니었어. 너희는 내일 음탕한 재키에게서 내가 했던 작업을 듣게 될 거야. 이번에는 더블 이벤트야. 꽥꽥 비명을 질러대는 고함쟁이가 하나 있어 즉석에서 작업을 마무리하지 못했어. 귀를 잘라서 경찰에게 보낼 시간이 없었지. 내가 다시 작업에 나서기 전까지 지난번 편지를 잘 간수해준 것에 감사를.
>
> 잭 더 리퍼

편지에 있는 '더블 이벤트'라는 문구는 전후로 저지른 세 번째 피해자 엘리자베스와 네 번째 피해자 캐서린의 살인 사건을 가리킨다고 추정할 수 있다. 앞에서 살펴보았듯, 행인에게 발각될지 모른다고 우려한 범인은 엘리자베스를 살해한 뒤 토막 내지 않고 도주했다.

그러나 사건이 일반에게 알려지고 나서 이 엽서를 썼더라도 시간상 아슬아슬하게 맞출 수 있어 이 편지가 '범인밖에 알 수 없는 사실'이라고는 할 수 없다. 따라서 범인이 쓰지 않았다는 견해도 있다.

2018년 2월, 법의학 언어학자는 당시 209통의 편지와 엽서를 조사한 뒤, 첫 번째 편지와 이 엽서를 동일인이 작성했다고 결론 내렸다. 또 센트럴 뉴스 에이전시의 기자가 경찰에 보낸 다른 두 통의 편지와도 공통점을 발견했다.

범인이 말라붙은 신장을 경찰서에 보낸 이유

두 통의 편지가 배달되고 약 2주일이 지난 10월 16일, 이번에는 화이트채플 자경위원회 회장인 조지 에이킨 러스크 앞으로 가로 세로 7~8센티미터 크기의 자그마한 상자가 도착했다. 상자 안에는 말라붙은 살점과 편지가 들어 있었다.

지옥으로부터

러스크 씨

슨상님(Sor로 sir의 철자와 다름, 이하 맞춤법 오류는 범인의 의도)

내가 한 여자한테서 꺼내

당신을 위해 냄겨둔 신쟝

반쪽을 보내지 나머지는

내가 구워 먹었는데 참 마시썻써

조금만 더 기달려주면 이걸

꺼낼 때 썼던 피 묻은 깔(칼)을 보내드리리다.

서명

러스크 양반

잡을 수 있거들랑 잡아보시게나.

편지 내용은 그동안 보내온 편지와 마찬가지로 네 번째 피해자인 캐서린을 가리킨다고 추정되었다. 실제로 범인은 그녀의 왼쪽 신장을 잘라내 가져갔다.

신문에서는 이 신장의 주인이 마흔다섯 살쯤 되는 알코올 중독자이며 신장염을 앓았던 여성이라고 보도했는데, 왕립 런던 병원의 감정서에는 와인에 전 신장이라고만 기재되어 있다. 또 앞에서 소개한 '지옥으로부터'라는 제목은 편지 첫머리의 '지옥으로부터(from hell)'라는 문구에서 따왔다. 그러나 경찰은 이 편지를 악질적인 장난으로 치부했다.

범인이 빅토리아 여왕의 손자로, 왕위 계승자였던 에드워드 왕자였다?

'잭 더 리퍼'가 보낸 도전장을 받은 런던 경찰국은 위신을 걸고 수사에 나서 100명 이상의 용의자를 색출했다. 그러나 결국 범인을 지목하지 못하고 사건은 미궁에 빠졌다.

놀랍게도, 용의자 중에는 왕실 관계자도 있었다. 빅토리아 여왕의 손자로, 당시 아버지(훗날 에드워드 7세)의 뒤를 이을 왕위 계승권자였던 앨버트 빅터 크리스티안 에드워드 왕자(클래런스 공작)였다. 빅터 왕자는 밤마다 변장하고 이스트엔드로 밤마실을 나갔는데, 경찰이 동성애자의 매춘 조직을 적발했을 때 체포된 경력이 있어 양성애자라는 설이 있었다. 빅터 왕자는 나중에 폐렴으로 세상을 떠났는데, 진짜 사인은 폐렴이 아니라 매독이라는 말이 돌았다.

빅터 왕자가 범인이라고 주장한 사람은 의사 토머스 스토웰이었다. 1970년, 왕자가 범인이라는 증거를 스토웰이 소지했거나 범행을 목격했다는 기사가 범죄학 학술지에 게재되었다. 기사에 따르면, 스토웰은 왕실 의사였던 윌리엄 걸 경의 딸에게 선친이 가지고 있던 서류를 정리해달라는 부탁을 받았는데, 서류를 정리하는 과정에서 빅터 왕자에 관한 비밀 서류를 발견해 그가 범인이라 확신했다고 한다.

며칠 후, 스토웰은 BBC 방송에 출연해 왕자가 범인이라고 암시했다. 그러나 그 후 《타임스》에 자신의 주장을 번복하는 기사를 게재했다. 노구의 몸으로 왕실 인사를 범인으로 지목한 반향이 너무 커서 감당할 수 없었던지 얼마 후 이승을 하직했다.

에드워드 왕자는 사건 당일 알리바이가 존재해 범인이 아니라고 여겨졌다. 그러나 왕자 범인설 신봉자는 왕실의 비호 아래 알리바이를 조작하는 것은 어렵지 않고, 왕자가 직접 손쓰지 않아도 아랫사람에게 살해를 지시했을 가능성이 있다고 주장했다. 그렇다면 범행 동기는 무엇일까? 동기는 영국 왕실에 흔한 변태 성욕에서 비롯된 스캔들을 숨기기 위해서라는 주장이다.

에드워드 왕자는 지인인 화가의 모델이던 애니 엘리자베스 크룩과 연인관계였다. 두 사람 사이에서 태어난 아이도 있었다. 이 숨겨진 아이의 유모가 바로 마지막 희생자인 메리 제인 켈리였다. 마침내 숨겨진 아이의 존재가 왕실에 알려졌고, 왕실의 치부가 세간에 스캔들을 일으킬까 우려한 왕실은 왕실 의사였던 윌리엄 걸 경에게 의뢰해 애니를 정신 병원 격리 병동에 입원시켰다. 그리고 입을 막기 위해 '잭 더 리퍼'를 내세워 메리와 비밀을 알고 있던 동료 매춘부를 차례차례 살해했다는 주장이다.

이와 별개로 메리와 그녀의 동료들이 스캔들을 폭로하겠다고 왕실을 협박해 돈을 뜯어내려다가 살해당했다는 주장도 있다. 그리고 왕실 관계자가 범인이라는 사실을 알고 있던 경찰 윗선에서 사건을 무마하려고 시도했다는 주장 또한 있다. 그래서 앞에 나온 낙서도 경찰이 지웠다는 것이다.

듣고 보면 제법 그럴듯해 고개가 끄덕여진다. 그러나 사건이 일어나기 전해에 뇌졸중으로 쓰러진 윌리엄 걸 경이 사건에 관여할 수 없었다는 의견도 있고, 결정적 증거가 없는 한 긍정도 부정도 할 수 없다. 이 왕실 관여설은 앞서 소개한 영화 〈프롬 헬〉의 소재가 되었다.

잭 더 리퍼를 둘러싼 수수께끼 풀이에 도전한 유명 작가 퍼트리샤 콘웰

이 세기의 수수께끼를 풀기 위해 수백만 달러를 투자한 인물이 나왔다. 바로 추리 작가 퍼트리샤 콘웰(Patricia Cornwell)이다. 소설 『법의관』을 출간하자마자 에드거 앨런 포 상 등을 수상하고, 스카페타 시리즈로 부와 영예를 동시에 얻은 그녀는 본국인 미국뿐 아니라 전 세계에 수많은 팬을 거느린 세계적인 인기 작가로 부상했다.

그녀는 2001년 런던 경찰국을 방문했을 때 우연히 잭 더 리퍼 사건 현장을 안내받고 나서 이 사건에 관심이 생겼다고 말했다. 그리고 개인적으로 조사를 진행해 한 남자가 진범이라는 확신에 이르렀다.

퍼트리샤 콘웰이 내세운 진범은 20세기 모더니즘 화파의 선구자인 화가 월터 시커트(Walter Sickert)였다. 그의 아버지는 삽화가였고 할아버지는 화가였다. 1860년 독일에서 태어난 월터 시커트는 이후 영국으로 이주했고, 결혼한 뒤에는 파리에서 그림을 그렸다. 1905년에 런던으로 돌아온 그는 캠든타운에 아틀리에를 마련했다.

1907년 캠든타운에서 매춘부 한 명이 살해되었다. 범인은 성관계 후 잠든 여성의 목을 나이프로 찢어발겼다. 이 엽기적인 살인은 '캠든타운 살인 사건'으로 알려진 미제 사건이다.

이듬해 월터 시커트는 〈캠든타운 살인 사건(The Camden Town Murder)〉이라는 그림을 발표했다. 그림 속에는 침대에 알몸으로 누운 여성에게 등을 돌린 초췌한 사내가 고개를 푹 숙이고 침대에 앉아 있다. 그림의 제목처럼 이 남자가 살인범이라는 말일까? 그해에 그는 〈잭 더 리퍼의 침실(Jack the Ripper's Bedroom)〉(맨체스터

시립미술관 소장)이라는 작품을 그렸다. 블라인드를 내려 빛이 없는 방에서 등을 돌린 남자가 서 있는 숨 막히는 구도의 그림이다. 잭 더 리퍼 사건에서 유일하게 실내에서 살해된 마지막 피해자 메리와 그녀의 방을 담은 그림일까?

퍼트리샤 콘웰은 시커트의 그림에서 이상한 어둠, 흉악성이 가득한 병든 정신, 여성에 대한 증오를 느꼈다고 한다. 또 시커트는 소년기에 아버지에게 학대당해 강박 장애가 생겼고, 유소년기에 선천적인 성기 기형을 수술해 성적 불구가 되어 여성에 대한 콤플렉스가 있었다는 사실 등을 밝혀냈다. 그 분노를 돈을 주고 성을 파는 여성들에게 풀었다는 것이 퍼트리샤 콘웰의 추리였다.

시커트가 쉰 살 무렵에 찍은 사진을 보면 포마드를 발라 깔끔하게 빗어 넘긴 머리와 단정한 이목구비가 흡혈귀 드라큘라와 같은 냉혹한 분위기를 풍긴다.

당연히 시커트의 그림이 사건을 암시했더라도 범죄의 증거로는 채택할 수 없다. 그래서 퍼트리샤 콘웰은 과학적 증거를 첨부했다. 우선 그가 남긴 30장의 그림을 사들여 단서를 찾았다. 또 영국 정부의 허가를 받아 영국 공문서 보관소에 보관된 잭 더 리퍼의 편지와 런던 경찰국에 보관된 범인이 보낸 편지에서 DNA 채취를 시도했다. 그러나 편지에서는 DNA를 채취할 수 없었다.

퍼트리샤 콘웰은 포기하지 않고 세월의 흐름에 견딜 수 있는 DNA와 다른 유전 정보인 미토콘드리아 감정법을 활용해 편지에 붙인 우표와 봉투를 봉한 침방울의 재검사를 시행했다. 검사 결과 1888년 11월 22일 맨체스터에서 보낸 편지와 시커트가 아내에게 쓴 편지의 DNA 하나가 일치했다. 퍼트리샤 콘웰은 이 결과를 근거로 시커트가 범인이라고 주장했다.

하지만 이 감정법은 미토콘드리아 내부의 DNA가 모계 유전자라는 특성을 활용한 기술이므로, 시커트를 범인으로 단정할 수 없다는 반론도 있다. 또한 감정에 사용된 편지가 범인이 썼다는 증거도 없고, 사건이 발생한 날 시커트가 프랑스에 있었다는 정보도 있다.

현장 검증 경찰관이 빼돌린 숄을 경매에서 낙찰받아 DNA 감정을 한 리퍼 연구가 에드워즈

2014년 영국에서 이 사건을 다룬 르포르타주 『네이밍 잭 더 리퍼(Naming Jack the Ripper)』가 출간되었다. 저자는 리퍼 연구가인 러셀 에드워즈(Russell Edwards)였다.

에드워즈는 2007년, 네 번째 피해자 캐서린 에드워즈 소유였던 혈흔이 묻은 숄을 경매에서 낙찰받으며 사건의 진상 규명에 나섰다. 숄은 현장 검증에 입회했던 경찰관이 상사 몰래 빼돌린 증거품으로, 경찰관의 가족이 보관해오다가 1999년에 런던 경찰국 범죄 박물관에 기증한 것이었다. 그러나 증거품임을 입증할 수 없어 소유자에게 돌아갔다. 물론 감정서 등이 있을 턱이 없어 진짜 캐서린의 숄이었는지는 알 길이 없다. 실제로 리퍼 연구가들은 이 미심쩍은 유품에 냉담했다.

숄에는 국화 무늬가 디자인되어 있었다. 영국에서는 9월 29일에 성 미카엘 대천사 축일을 기념하는데, 원래 가을 수확에 감사하는 추수 감사제였다. 이 계절에 들국화를 닮은 갯개미취가 흐드러지게 피는데, 숄에 이 꽃무늬가 그려져 있었다. 성 미카엘 대천사 축일은 서방 교회에서는 9월 29일, 동방 교회(정교회)에서는 11월 8일로 정해져 있다. 에드워즈는 이 이틀 동안 마지막 세 번째 살인 사건이 일어났다는 관련성을 지적했다.

그리고 숄 감정을 의뢰해 적외선 카메라로 검게 굳은 혈흔을 발견했다. 자외선 사진에서는 정액의 흔적도 드러났다. 또 살해당한 캐서린에게서 가져간 신장으로 추정되는 세포까지 발견되었다. 세포 주인을 밝혀내기 위해 DNA 감정을 시행했으나 너무 심하게 훼손되어 개인을 특정할 수 있는 DNA 감정이 불가능해 어쩔 수 없이 미토콘드리아 DNA를 분석했다.

에드워즈는 캐서린의 모계 자손을 찾아내 협력을 요청했다. 검사 결과, 숄에 부착된 미토콘드리아 DNA와 이 여성의 미토콘드리아 DNA가 일치했다.

에드워즈는 당시 런던 시경에서 '폴란드 출신 이발사 아론 코민스키가 범인'이라고 추정했다는 정보를 범죄 박물관에서 입수했다. 코민스키는 1880년대 러시아에서 박해를 피해 영국으로 건너와 화이트채플 지구에 정착한 유대인이었다. 그는 망상형 조현병을 앓았는데, 정신 병원에서 생을 마감했다. 여성 혐오론자였던 그는 매춘부를 증오했다고 알려졌다. 그의 사진을 보면 널찍한 이마 아래로 깊숙이 팬 눈두덩이 안에 날카로운 눈빛이 살아 있다. 또 귀밑털이 길고 콧수염을 길러 험상궂은 인상이다.

에드워즈가 숄의 정액 감정을 의뢰했으나 심하게 훼손되어 감정이 불가능했다. 다행히 범인이 사정했을 때 벗겨졌을 것으로 추정되는 요도의 상피세포를 발견했다. 이번에는 코민스키 여동생의 자손에 해당하는 여성을 수배해 여성의 구강에서 미토콘드리아 DNA를 채취했는데, DNA가 서로 일치했다.

미토콘드리아 DNA의 일치로 범인을 지목했다는 점에서는 퍼트리샤 콘웰과 다를 바가 없었다. 그런데 에드워즈는 숄에서 채취한 미토콘드리아 DNA와 피해자 자손의 미토콘드리아 DNA에 29만 명에 1명 확률로만 발견되는 같은 돌연변이를 발견하고 자신감을 얻어 코민스키를 범인으로 판정했다.

에드워즈가 판정을 내린 후 영국의 일간 신문 《인디펜던트(The Independent)》는 DNA 감정에 치명적인 실수가 있었다고 보도했다. 기사에 따르면, 에드워즈가 발견한 29만 명 중 1명에게서만 발견되는 돌연변이 '314.1C'는 '315.1C'의 표기 오류로, '315.1C'는 유럽에서 99퍼센트의 사람이 지닌 DNA 변이다. 이에 대해 에드워즈 측은 "재검사를 시행 중이다"라고 대응했다.

2019년 3월, 법의학 전문지 《저널 오브 포렌식 사이언스(Journal of Forensic Sciences)》에 이 조사가 다시 실렸다. 첫머리에서 소개한 기사 '여성 자신(女性自身)'은 이것을 가리킨다. 긴 침묵을 깨고 다시 등장한 에드워즈는 지식인들의 검수를 거친 논문으로 '이론 무장'했다.

기사에 따르면, 새로운 SNP(Single-nucleotide polymorphism, 단일염기다형성. 각 인간 유전자 정보의 미세한 차이) 검사를 통해 범인의 모발과 눈동자가 갈색임을 밝혀냈다. 일반적으로 영국인의 눈동자는 갈색보다 푸른색이 많다. 코민스키는 모발과 눈동자 모두 갈색이었다.

또 실크 재질의 비싼 숄은 살해당하기 전날 구두를 전당포에 맡길 정도로 생활이 쪼들렸던 캐서린이 살 만한 제품이 아니었다. 숄 소재를 조사했더니 러시아 상트페테르부르크 근교에서 제조되었을 확률이 높고, 당시 러시아가 통치하던 폴란드에서 태어난 코민스키가 구입해서 본인이 착용했을 가능성이 높다고 주장했다.

이러한 주장은 어디까지나 상상의 영역을 벗어나지 못하는 가설로, 숄은 당시 유럽 어디서든 구할 수 있는 제품이었다는 비판도 있다.

또 다른 리퍼 연구가 모리스가 범인을 여성으로 확신한 까닭

마지막으로 작가이자 전직 변호사인 저명한 리퍼 연구가 존 모리스(John Morris)의 가설을 살펴보자. 모리스는 2012년에 출간된 『잭 더 리퍼: 여자의 손(Jack the Ripper: The Hand of a Woman)』에서 범인이 여성이라는 사실에는 의심의 여지가 없고 동기, 흉기, 부검 전문 지식 등 사건에 필요한 요소를 모두 충족하는 리지 윌리엄스(Lizzie Williams)야말로 범인이라고 주장했다.

리지는 부유한 실업가의 딸로 태어나 빅토리아 여왕의 어의였던 존 윌리엄스에게 시집갔다. 윌리엄스 경은 화이트채플에서 산부인과 병원을 운영했는데, 부부에게는 자식이 생기지 않았다. 당시 서른여덟 살이던 리지는 마음고생이 심했다. 남편은 사랑이 차츰 식자 외간 여자에게 눈을 돌렸다. 존의 불륜 상대가 바로 다섯 번째 피해자인 메리 제인 켈리였다.

리지는 남편을 뺏어간 메리를 미워했다. 동시에 상간녀에게 아이가 생기면 남편에게서 버림받을까 봐 두려워했다. 그 질투와 미움이 이윽고 살의로 발전했다.

"몸을 함부로 굴리는 여자는 임신도 쉽게 한다. 그러나 헤픈 여자는 자식을 가질 자격이 없다."

리지가 '잭 더 리퍼'가 되어 타락한 여자들을 벌주는 연쇄 살인범이 되었다는 주장이다.

범인은 피해자 다섯 명 중 세 명의 자궁을 도려냈다. 당시는 자궁 위치조차 일반적으로 알려지지 않은 시대였기에 해부학 지식이 없으면 간단히 절제할 수 없었다. 그러나 남편에게 의술을 배워 메스 사용법을 익힌 리지라면 충분히 범행을 저지를 수 있었다고 모리스는 주장했다.

모리스는 범인이 여성이라는 증거는 또 있다고 말했다. 우선 두 번째 피해자인 애니의 발치에 있던 유품이 '여성의 손길이 느껴지는 방식'으로 가지런하게 정리되어 있었다는 점을 들었다. 또 네 번째 피해자인 캐서린의 시신 곁에 고인 피 웅덩이에서 여성용 부츠에 사용되던 작은 단추가 세 개 발견되었다. 또 마지막 피해자인 메리의 아파트 난로에서 본인의 것이 아닌 여성용 옷가지가 타다 남은 채로 발견되었다.

그러나 모두 결정적 증거라고는 할 수 없다. 앞으로 과학이 더욱 발전해 이 사건들을 해명해줄 날을 기다리는 수밖에 없다. 그러나 의외로 진실은 단순할 수도 있다. 어쩌면 온갖 가설과 추측으로 다양한 분야의 예술에 영감을 주고 세상 사람들의 상상력과 호기심을 한껏 자극한 이 사건이 정신 이상자가 저지른 단순한 살인 사건으로 밝혀질 수도 있지 않을까?

part 4

역사의 어둠

darkness
of history

⑨

루트비히 2세의 죽음을 둘러싼 기묘한 미스터리

노이슈반슈타인성에서 루트비히 2세의 유령을 만난 열세 살 소녀 엘리자베타

중세의 잔영이 남은 낭만적인 거리의 종착점인 독일 퓌센 근교에 있는 노이슈반슈타인성은 이름에서 말해주듯 백조(schwan)를 연상시키는 우아한 자태로 수많은 관광객을 끌어들이고 있다. 흔히 디즈니랜드의 신데렐라성 모델로 잘 알려져 있다.

유럽의 성은 왕가의 거주용 궁전이나 전쟁을 위한 요새인 경우가 일반적인데, 이 성은 궁전도 요새도 아니다. 한 왕이 거액의 국가 예산을 쏟아부어 자신의 탐미적 꿈의 세계를 실현하기 위해 세운 꿈의 궁전이다. '광인 왕', '건축 왕'이라는 별명을 얻은 바이에른 국왕 루트히비 2세(1845~1886)가 이 성을 지었다. 공식적인 사인은 자살이었으나 그의 죽음을 둘러싼 음모론이 지금도 난무하며 논쟁이 벌어지고 있다.

올해로 유럽 거주 30년째인 나의 첫 해외여행 방문지가 이 성이었다. 인터넷은커녕 가이드 북에도 상세한 정보가 실려 있지 않던 1980년대, 산기슭에 있는 매표소의 긴 줄에 서서 하염없이 기다려 겨우 창구에 당도했으나 몇 시간 뒤에야 입장할 수 있었다. 열차 시간에 맞출 수 없어 아쉬움의 눈물을 달래며 관람을 포기했던 쓰라린 추억이 있다. 유럽으로 이주한 뒤 잡지 취재로 몇 번 방문하며 '왕의 유령이 나온다'는 소문을 들었다. 호기심이 생겨 조사에 나서 항간에 떠도는 노이슈반슈타인성 유령 이야기를 알게 되었다.

왕이 서거했을 때, 바이에른 당국은 "정신 질환을 앓던 루트비히 2세가 물에 빠져 자살했다"라고 발표했다. 국민에게 인기가 있었고 죽기 사흘 전 퇴위당한 왕에 대한 연민과 사인에 대한 의혹이 가세하며, 시나브로 "노인슈반슈타인성에서 루트비히 2세의 모습을 보았다", "산기슭에 있는 호텔 부근에서 목격했다" 등 여러 가지 소문이 퍼졌다. 그 호텔은 성에서도, 루트비히 2세가 유아기와 청소년기를 보낸 호엔슈방가우성에서도 가까웠다. 고인이 된 왕이 옛날을 그리워하며 유령이 되어 나타났다는 그럴듯한 소문이었다.

유령 출몰 사건 중 특히 유명한 몇 가지 이야기가 있다. 엘리자

‘새로운 백조 모양의 돌로 만들어진 성’이라는 의미를 지닌 노이슈반슈타인성

제4대 바이에른 국왕 루트비히 2세

베타라는 열세 살 소녀가 어머니와 함께 노이슈반슈타인성을 구경하러 왔다. 모녀가 방문한 6월 13일은 우연히 루트히비 2세의 기일이었다. 성안에는 수많은 방이 있었는데, 모녀는 그 방들을 빠짐없이 둘러보았다. 아름답게 장식된 방들이 한껏 감수성을 자극해 소녀는 흥분한 상태에서 구경에 정신이 팔린 나머지 어머니와 헤어졌다. 이윽고 딸이 없어진 사실을 알아차린 어머니가 경찰에 실종 신고를 했다. 다행히 그날 저녁, 베르그성 앞에 있던 엘리자베타를 발견해 무사히 보호 조치했다.

베르그성은 왕이 세상을 떠나기 전에 유폐되었던 곳이다. 그런데 그녀는 그 먼 성까지 혼자 어떻게 갔을까? 어머니가 딸에게 이유를 묻자 엘리자베타가 오들오들 떨며 대답했다.

"(노이슈반슈타인성에서) 임금님 방에 들어갔어요. 그런데 뒤에서 누가 제 어깨에 손을 올렸어요. 그래서 뒤돌아보니 얼굴이 창백한 루트비히 2세 전하가 서 계셨어요. 초상화랑 똑같아서 누군지 바로 알 수 있었어요."

루트비히 2세는 "이쪽으로 오렴"이라고 말하는 듯 손짓하며 피아노가 놓인 방으로 안내했다. 그 방에서 왕이 피아노를 치자 갑자기 군인들이 떼로 몰려와 왕을 체포했다. 왕은 그대로 호수로 연행되어 총살당했다. 그 후 왕의 유령이 둥실둥실 떠올라 소녀에게 "슬슬 돌아갈 시간이구나"라고 말했고, 엘리자베타는 의식을 잃었다. 정신을 차려보니 베르그성 앞이었다.

왕의 죽음을 둘러싼 진실은 무엇일까? 그의 일생을 따라가며 진실에 한 걸음 다가가보자.

탄생부터 죽음까지 온통 베일에 싸인 바이에른 국왕 루트비히 2세

1806년에 수립된 바이에른 왕국은 연방 국가와 여러 공국이 패권을 다투던 13~19세기 독일에서 역사와 품격을 자랑하던 비텔스바흐 가문이 1918년까지 통치하던 나라다. 왕국의 수도는 현재 바이에른주의 최대 도시 뮌헨이다.

루트비히 2세는 1845년 8월 25일 0시 반, 뮌헨 교회에 있는 왕가의 여름 별궁이던 님펜부르크 궁전에서 태어났다. 우연히도 당시 왕위에 있던 조부 루트비히 1세와 같은 날 같은 시각에 태어나 조부가 무척 기뻐하며 손자에게 자신과 같은 이름을 지어주었다. 그러나 실제로는 며칠 전에 태어났는데 일부러 같은 날 태어났다고 발표했다는 설도 있다. 흔히 루트비히 2세의 탄생부터 죽음까지 그의 일생이 수수께끼라고 하는데, 탄생 비화도 포함한 말이다.

성의 이름은 궁전의 거대한 홀 천장화인 〈요정(님프)들을 거느린 플로라 여신의 그림〉에서 따왔다. 왕이 탄생한 방은 현재 일반에 공개되어 있는데, 실내는 당시 그대로 암녹색 색조의 벽과 가구로 통일되어 있다. 드넓은 정원에는 『그림 동화』를 방불케 하는 숲이 펼쳐져 있고 연못에서는 백조가 노닌다. 루트비히 2세가 '동화 왕(메르헨의 왕)'으로 알려진 이유를 알 수 있다. 동화의 세계처럼 환상적인 분위기로 꾸며진 이 성을 보면 실용적이고 튼튼한 건물을 짓는다는 독일의 이미지와 맞지 않는 듯하다. 우리가 갖고 있는 독일의 이미지는 주로 프로이센에서 비롯되었다.

할아버지인 루트비히 1세가 1948년 혁명으로 퇴위하자 아버지 막시밀리안 2세가 왕위에 올랐다. 왕세자가 된 루트비히 2세는 당시 세 살이었다.

루트비히 2세가 아홉 살이 되자 초로의 프랑스 군인이 제왕학을 가르쳤다. 아침 6시에 일어나 어학, 역사, 지리 등의 개인 수업을 받고 육체 단련도 게을리하지 않았다. '굶주림'도 훈련이라는 교육 방침에 따라 루트비히 2세와 남동생인 오토는 시종들이 걱정할 정도로 부실한 식사를 하며 견뎌야 했다.

엄격한 교육을 받으며 어머니의 사랑을 듬뿍 받지 못한 루트비히 2세는 유소년기부터 청년기에 걸쳐 자신의 세계에 틀어박혔고, 상상의 세계에서 노닐 때가 많았다. 어머니인 마리 왕비는 "루트비히 2세는 극과 사진을 보며 기쁨을 느낀다"라고 이야기했다.

루트비히 2세는 왕세자 시절 대부분과 국왕에 즉위한 후에도 퓌센 근교의 호엔슈방가우성에서 많은 시간을 보냈다. 이 성에서는 바흐알프 호수와 슈반젠 호수를 굽어볼 수 있다. 소년 루트비히가 호수 위 조각배를 타고 백조에게 먹이를 주는 부조가 있는데, 이 작품에서는 대자연 속에서 성장하는 가냘픈 왕자의 모습을 상상할 수 있다.

과거에는 호엔슈방가우성을 '슈반슈타인성'이라고 불렀다. 여기서 '노이슈반슈타인성(새로운 슈반슈타인성)'이라는 이름이 생겨났다. 다만 이 이름은 루트비히 2세 사후에 붙었다.

루트비히 2세가 왕정을 거세게 비난한 바그너에게 엄청난 특혜를 베풀고 작센 왕국의 궁전 지휘자로 발탁한 이유는?

1864년, 루트비히 2세는 열여덟 살에 바이에른 왕국의 국왕 자리에 올라 대관식을 치렀다. 즉위 후 최초로 내린 왕명은 작곡가 리하르트 바그너를 찾으라는 것이었다.

바그너는 스물아홉 살이라는 젊은 나이에 고향인 작센 왕국의 궁전 지휘자로 발탁되었다. 그러나 1848년 3월 혁명과 이듬해 드레스덴 5월 봉기에 가담해 바리케이드 전선에서 싸우는 등의 행적으로 왕정을 비난하는 정치범 신분이 되어 유럽 각지를 떠돌았다. 설상가상으로 빚 독촉에도 시달렸다.

루트비히 2세는 그의 빚을 대신 갚아주었을 뿐 아니라 저택을 하사하고 거액의 급여를 지급했다. 왕실에 초빙받은 바그너는 루트비히 2세를 알현했다. 그는 자신의 재능을 인정해주는 젊은 왕을 경애해 다음과 같은 글을 남겼다.

> 오늘 저는 그(루트비히 2세)에게 인도받았습니다. 그는 무척이나 아름답고 재치가 풍부하며 숭고한 영혼을 지닌 영광스러운 인물입니다. (…) 그의 명령은 이 세상에서 찰나처럼 스쳐 지나가는 신의 꿈처럼 불가해한 것이 아닐까 저어됩니다.

예술가의 직감이었을까. 이어지는 문단에 왕의 미래를 암시하는 듯한 말이 보인다.

바그너는 만년에 왕의 전면적인 지원으로 바이로이트에 최고의 음향 효과를 자랑하는 축제 극장을 완성했다. 그리고 제1회 바이로이트 음악제가 열려 루트비히 2세, 독일 황제 빌헬름 1세, 작곡가 프란츠 리스트와 표트르 차이콥스키 등이 참가했으며, 15시간에 가까운 바그너의 대작 〈니벨룽의 반지〉 전막을 초연했다.

루트비히 2세가 없었다면 바그너의 수많은 명작이 탄생할 수 없었을 것이다. 또 바그너가 없었으면 루트비히 2세가 노이슈반슈타인성을 짓겠다는 생각도 할 수 없었을 것이다. 바그너는 고향 작센 왕국에서는 왕정을 비난했으나 바이에른 왕국에선 왕의 은혜를 한 몸에 받으며 자신의 예술을 완성했다.

바이로이트 음악제는 지금도 매년 여름 개최되어 '바그네리안'이라는 바그너 팬들을 전 세계에서 불러모으고 있다.

루트비히 2세는 프로이센-프랑스 전쟁 당시 왜 프랑스 편에 섰을까?

루트비히 2세가 즉위하기 한 해 전 프로이센 왕국의 수상 오토 폰 비스마르크가 바이에른 왕국을 방문했다. 당시 중앙 유럽에서 세력을 떨치던 오스만 제국과 프랑스 제국에 대한 대응을 고려해 외교 교섭이 이루어졌다.

그리고 1866년에 프로이센과 오스트리아 간에 전쟁이 일어났다. 바이에른 왕국은 작센 왕국, 뷔르템베르크 왕국과 함께 오스트리아 측에 가담했고, 브라운슈바이크 공국 등 북독일의 작은 연방은 프로이센 왕국 측에 가세했다.

루트비히 2세의 어머니 마리 왕비는 프로이센 출신이었는데, 한창 사랑받아야 할 시기에 어머니의 사랑을 충분히 받지 못한 탓인지 왕은 외가인 프로이센에 친근감을 느끼지 못했다. 한편 오스트리아 황제 프란츠 요제프 1세의 어머니 소피는 조부인 루트비히 1세와 이복 남매였으며, 조카 시시(프란츠 요제프 1세의 황후 엘리자베트의 애칭)와도 사이가 좋았다. 이러한 연유로 바이에른 왕국은 오스트리아 제국 측에 가담했다.

전쟁이 시작되자 산업혁명 기술을 도입한 프로이센 왕국은 전신으로 정보망을 펼쳐 군인과 무기, 식량을 철도로 신속하게 운송해 압승을 거뒀다. 또 루트비히 2세를 대신해서 출병한 남동생 오토는 이 전쟁에서 트라우마가 생겨 정신 질환을 앓게 되었다.

프로이센-오스트리아 전쟁 4년 후, 프로이센 왕국과 프랑스 제국이 맞붙은 프로이센-프랑스 전쟁이 발발했다. 루트비히 2세는 프로이센 왕국보다 프랑스에 마음이 갔다. 할아버지와 같은 '루트비히(프랑스식으로 루이)'라는 이름을 강조했고 프랑스의 태양왕 루이 14세에게 푹 빠져 있었다. 또 바이에른 왕국은 프랑스, 오스트리아와 마찬가지로 가톨릭 국가인 반면, 프로이센은 프로테스탄트 국가여서 종교적 배경도 달랐다. 그러나 비스마르크의 교묘한 외교술로 다른 독일 연방들처럼 프로이센 왕국 측에 가담해 5만 5,000명을 전장으로 파견했다.

이번 전쟁 역시 프로이센 왕국의 승리로 끝났다. 그러나 수많은 바이에른 백성이 목숨을 잃어 루트비히 2세는 슬펐다. 한편 이 승리로 독일 통합의 기운이 무르익었음을 깨달은 비스마르크는 루트비히 2세에게 독일 통일의 필요성을 설파했다. 두 사람의 회담에서 루트비히 2세는 번갈아가며 통일 독일 황제를 맡자면서 황제가 되고 싶은 소망을 내비쳤으나, 비스마르크는 일축하며 '하나의 제국, 한 명의 황제'를 고집했다.

1871년 1월, 프로이센 왕국의 빌헬름 1세가 프랑스의 베르사유 궁전에서 독일 제국 황제로 대관식을 거행하고 즉위했다. 이를 계기로 독일은 유럽의 대국으로 부상했고, 이후 루트비히 2세는 정치판에서 멀어졌다.

이 이야기를 전후해 프로이센-오스트리아 전쟁 3년 후, 왕은 노이슈반슈타인성 건축에 착수했다. 성 전체로 오페라 무대를 표현한다는 장대한 계획을 세우고 건축가 에두아르트 리델(Eduard Riedel)과 무대 화가였던 크리스티안 양크(Christian Jank)를 발탁했다. 그리고 바위산 정상을 다이너마이트로 폭파하고 벽돌과 대리석 운반에 증기 엔진을 이용하는 등 대규모 공사를 벌였다. 왕이 몸소 건축 현장에 나가 설계도를 보며 지휘했고, 때로는 관리인용 침대와 탁자만 있는 간소한 방에 틀어박혀 건축 작업에 몰두하기도 했다.

각 방은 금세공, 대리석, 유리로 장식하고 까다롭게 고른 가구를 배치했다. 벽화는 바그너의 오페라 내용을 방마다 그려 넣었다. 예를 들어, 대기실은 〈니벨룽겐의 반지〉, 왕의 침실은 〈트리스탄과 이졸데〉, 거실은 〈로엔그린〉, 예술가들의 방은 〈파르지팔〉 등의 작품을 선정했다. 또 서재에 전화, 온수가 나오는 급수 설비, 자동 회전식 조리용 그릴, 왕이 세면대로 향하면 자동으로 백조 부리에서 물이 나오는 수도 등 당시 최신 기술을 한껏 구사했다. 그러나 루트비히 2세는 자신의 모든 것을 쏟아부은 성의 완공을 볼 수 없었다.

주치의 구덴 박사와 산책을 나갔다가 함께 죽음을 맞은 루트비히 2세

루트비히 2세가 주도한 예술과 축성 비용으로 바이에른 왕국의 국가 재정이 크게 휘청였다. 1886년에 대신들은 루트비히 2세가 정신 질환을 앓는다며 폐위하고 숙부인 루이트폴트(루트비히 1세의 셋째 아들)를 섭정으로 세웠다.

실제로 루트비히 2세는 정무를 포기하고 측근들과 만남도 거부한 채 밤낮이 뒤바뀐 생활을 하고, 밤에는 괴성을 지르며 썰매를 내달리기도 했다. '유럽 최고의 미남'이라는 칭호를 얻은 큰 키와 훤칠한 외모는 운동 부족으로 뒤룩뒤룩 살이 쪘다. 또 전쟁 중 낙마로 인해 두통을 달고 살았으며, 식도락과 불규칙한 생활로 치아도 나빠졌다. 하필 왕국의 운명을 가르는 중대한 시기에 왕의 건강이 온전치 못해 대신들은 골머리를 앓았다.

폐위 통보를 받은 6월 11일 밤, 호엔슈방가우성에 있던 루트비히 2세는 대신들의 파면을 통보하고 어수선한 틈을 이용해 노이슈반슈타인성으로 도망쳤다. 인근 주민들이 왕을 호위하기 위해 모여들어 정부 인사들과 승강이를 벌였다. 결국 현장에 모습을 드러낸 루트비히 2세는 체포되었다.

다음 날 아침 루트비히 2세는 북쪽으로 약 80킬로미터 떨어진 베르그성에 도착했다. 이 성은 오스트리아 국경에서 멀어 도피 위험이 적고 고립되어 경비에도 편리했기 때문이다.

정신이 든 루트비히 2세는 자신이 처한 상황을 확인했다. 방문이 잠금장치로 잠겨 있고 문고리를 잡고 돌려도 돌아가지 않았다. 문에는 감시창이 뚫려 있어 밖에서 방 안의 동정을 확인할 수 있고 창에는 창살이 가로막혀 있었다. 마침 성령 강림을 기념하는 오순절이어서, 루트비히 2세는 수염을 깎고 의관을 단장한 뒤 교회에 나가게 해달라고 요청했다.

"아뢰옵기 황송하오나 각하는 와병 중이시라 교회에 가실 수 없사옵니다."

주치의인 구덴 박사의 설득에 외출을 단념했다. 정신과 최고 권위자였던 뮌헨 대학교의 구덴 박사는 문진도 하지 않고 왕이 정신병을 앓는다는 진단서를 작성했다. 따라서 루트비히 2세가 마을 교회에서 사람들과 접촉하면 그의 정신 상태가 멀쩡하다는 사실이 들통날 수 있었다. 게다가 백성에게 인기 있던 왕이라서 도피를 도울 사람도 얼마든지 있었다. 구덴 박사는 여러 사항을 따져본 뒤 왕의 외출을 막았다.

그렇지만 왕의 간청을 함부로 거절할 수는 없었기에 구덴 박사는 경호를 붙여 왕과 함께 산책에 나섰다. 두 사람은 슈타른베르크 호반의 벤치에 앉아 평화롭게 담소를 나누었다. 성으로 돌아온 구덴 박사는 "경과는 양호. 불안 사항 없음"이라고 뮌헨의 루이트폴트 섭정에게 전보를 보냈다.

루트비히 2세는 식욕이 왕성했다. 음식에 독을 탔을지 모른다고 걱정하면서도 식탁에 놓인 접시를 싹싹 비웠다. 집사를 불러달라는 왕의 지시를 받은 구덴 박사는 딱 10분이라는 조건을 달고 만남을 허가했다.

구덴 박사는 저녁나절에 "만사가 순조로움. 환자는 얌전해 걱정 없음"이라고 뮌헨에 보고했다. 그리고 루트비히 2세는 구덴 박사와 함께 다시 슈타른베르크 호수로 산책을 나섰다. 이때는 경호 담당자를 대동하지 않았다.

"20시에는 돌아오겠다"라는 말을 남기고 출타했으나 21시를 알리는 종이 울릴 때까지 왕도 박사도 돌아오지 않았다. 성에 있던 사람들이 랜턴을 들고 수색에 나섰다. 그런데 수색에 나선 사람들은 호수로 이어지는 비탈길에서 두 사람이 들고 나간 우산을 따로따로 발견했다. 곧바로 호수 얕은 곳에서 구덴 박사가 시신으로 발견되었다. 오른쪽 눈 위쪽에 구타 흔적이 있고, 목이 졸렸는지 목에 멍이 들고 손톱이 부러져 있었다.

수색을 계속하자 기슭에서 약 1.5미터 떨어진 수면에 루트비히 2세가 엎드린 자세로 양팔을 벌린 채 떠 있었다. 외출할 때 입었던 코트는 어디로 갔는지 없고 흰 셔츠 바람이었다. 서둘러 물 밖으로 끌어내 인공호흡을 했으나 의식이 돌아오지 않았다.

정부는 루트비히 2세의 사인을 자살로 단정했다. 그리고 자살을 말리려던 구덴 박사와 드잡이하다가 구덴 박사가 먼저 사망했고, 그 후 루트비히 2세가 물에 뛰어들어 자살했다고 발표했다.

루트비히 2세의 자살설을 부정하는 설득력 있는 주장과 증언

루트비히 2세의 사인에 관해서는 세 가지 설이 있다.

첫 번째는 자살설이다. 절망한 왕이 스스로 물에 빠져 목숨을 끊었다는 주장과 도주하려던 왕을 구덴 박사가 저지하자 실수로 박사를 죽였고 그 충격으로 왕이 자살했다는 두 가지 설이 있다. 두 가지 중에서 전자가 통설로 여겨지고 있다. 두 번째는 병사설이다. 왕이 호수에 들어갔는데 심장발작이 일어나 사망했다는 주장이다. 세 번째는 타살설로, 왕이 도주하기 위해 준비한 나룻배에 타려다가 권총에 맞아 사망했다는 주장이다.

독일 바이에른주의 TV 방송국에서는 최근 루트비히 2세의 수수께끼 같은 죽음을 주제로 여러 편의 프로그램을 방영했는데, 하나같이 입수 자살설을 부정하고 있다. 수영 실력이 탁월했던 왕이 바닥에 발이 닿는 얕은 물에서 자살했을 리 없기 때문이다. 또 당시 관에 누운 왕의 모습을 그린 스케치가 있는데, 입에서 피가 흐른 것으로 보아 폐에 물이 들어가지 않았다는 증거라는 주장이다.

듣고 보니 설득력이 있다. 자살 충동에 시달리는 사람이 독살을 염려할까? 게다가 접시를 싹싹 비울 정도로 식욕이 왕성했다. 만약 자살 충동에 시달렸다면 탐미주의자인 루트비히 2세는 자신의 최후를 아름답게 연출하기에 적합한 장소를 물색했을 가능성이 높다. 그런 맥락에서 루트비히 2세는 죽음이 코앞에 닥친 상황에서 노이슈반슈타인성을 자신이 생을 마감할 장소로 물망에 올리지 않았을까?

물론 권력자가 작정하고 시신과 증거품, 목격자 증언 등을 은폐하고 조작하면 사건을 사고로 둔갑시키는 정도는 식은 죽 먹기일 수도 있다. 왕의 사인뿐 아니라 왕의 정신 감정을 날조한 구덴 박사 또한 비밀을 막기 위해 죽임을 당했다고 추정할 수 있다.

폐위 이유는 엄청난 국고 낭비를 막기 위해서였으나 바이에른 왕이 없어지면 가장 이득을 보는 사람은 누구였을까? 루트비히 2세의 죽음을 누가 가장 바랐을지 곰곰이 따져보면 범인 후보는 국내뿐 아니라 국외에서도 찾을 수 있어 사건은 미궁 속으로 빠져든다.

1960년에 유력한 증거가 발견되었다. 왕의 도피를 방조하려던 마을 사람 야콥 리딜의 일기가 나타난 것이다. 일기를 대대로 보관하던 자손이 루트비히 2세 조사 권위자인 알베르트 비데만(Albert Widemann)에게 보여주자 그는 타살설에 신빙성이 있다는 결론을 내렸다. 일기에 다음과 같은 구절이 있었다.

> 그 운명의 밤, 왕은 자유의 몸이 되려고 물가에서 보트를 기다렸다. 그러나 왕이 나룻배에 타려던 순간, 괴한이 왕의 등 뒤에서 권총을 발사했다. 겁이 난 나(야콥 리딜)는 왕의 시신을 보트에서 (호수로) 밀어 떨어뜨리고 서둘러 집으로 돌아왔다.

이 일기를 뒷받침하는 증인도 존재한다. 1960년대 비텔스바흐 가문의 조제핀 폰 바르바카우니츠 백작 부인은 게르트루트 우터묄레 부인에게 "루트비히 2세의 진실을 보여드릴게요"라고 말하며 왕의 회색 코트를 내밀었다. 코트 뒷면에는 총탄이 관통한 두 개의 흔적이 있었다. 자신도 이 코트를 보았다고 우터묄레 부인과 동반한 당시 열 살 아들 데틀레프가 증언했다. 그러나 이 코트는 백작 부인의 집이 화재를 입어 함께 소실되었다.

거장 루키노 비스콘티 감독의 영화 〈루드비히 신들의 황혼(Ludwig)〉(1973)에도 자살설을 부정하는 듯한 장면이 있다. 영화 마지막에 루트비히 2세가 박사를 뿌리치고 시시가 수배해준 나룻배로 도피하려고 슈타른베르크 호수로 서둘러 떠난다. 호수를 통해 알프스를 넘어 오스트리아로 입국하면 추격자를 따돌릴 수 있었다. 시시의 친정인 막시밀리안 공작 가문의 저택이 호수 반대편에 있어 협력자를 찾기도 어렵지 않아 한층 설득력 있는 가설이다.

바그너의 오페라 〈로엔그린〉에서는 주인공 로엔그린이 백조가 끄는 조각배를 타고 영웅으로서 인생을 시작한다. 바그너의 오페라를 사랑했던 루트비히 2세에게 호수에 뜬 나룻배는 새출발에 대한 희망으로 보이지 않았을까.

루트비히 2세의 유령이 말한 예언이 모두 적중했다고?!

루트비히 2세는 평생 독신을 고수했다. 아버지의 사촌인 비텔스바흐 가문 방계의 공작 딸인 소피아와 약혼했으나 몇 차례 연기한 끝에 결국 파혼했다. 자신보다 나이가 여덟 살 많은 누이 시시, 즉 프란츠 요제프 1세의 황후 엘리자베트와는 궁정 생활에 염증을 느껴 자연을 사랑하고 승마를 즐기며 시를 좋아하는 등 공통점이 많아 죽이 잘 맞았다. 편지에서는 서로를 '매(루트비히 2세)', '갈매기(시시)'라고 불렀다. 아마도 아름다움을 사랑하는 탐미주의자 왕이 유일하게 사랑한 여성은 시시였던 모양이다.

왕이 세상을 떠나고 얼마 지나지 않은 어느 날 밤, 시시가 호숫가의 포센호펜성에서 쉬고 있을 때 베갯머리에 루트비히 2세의 유령이 나타났다. 루트비히 2세는 그녀를 지긋이 바라보며 "시시, 내가 무섭지 않아?"라고 조용히 물었다.

"무섭지 않아."

"다행이네. 나는 지금 행복하지 않아. 죽음은 안식을 주지 못하거든."

루트비히 2세가 슬픔이 가득한 얼굴로 말했다.

"시시, 내 말 좀 들어줄래?"

유령은 잠시 뜸을 들이더니 이야기를 시작했다.

"불길에 휩싸인 그녀는 연기에 휘말려 질식하고 화상을 입어. 그런데 무력한 나는 아무 도움도 주지 못해."

시시가 누구를 말하는지 묻자 "얼굴이 보이지는 않지만 자신을 사랑했던 여성"이라고 말했다. 그리고 그녀의 운명이 끝날 때까지 자신은 자유의 몸이 될 수 없다고 말했다. 시시도 언젠가 자신과 함께 천국에서 행복해질 날이 오지만, 그전에 수많은 슬픔과 후회를 경험하고 죽음이 아무런 전조도 없이 불시에 찾아온다고 말했다. 루트비히 2세의 재촉에 시시가 손을 내밀자 그는 조용히 흐릿한 손을 포갰다.

그리고 3년 후, 시시의 외아들 루돌프 황태자가 애인과 함께 권총 자살 시도를 했다. 이어서 맏언니 헬레네가 병사했다. 두 시칠리아 왕국의 왕비가 되었던 여동생 마리아 소피아는 여자의 몸으로 전투에 직접 참전했으나 나라가 멸망해 망명길에 오를 수밖에 없었다. 두 시칠리아 왕국의 왕자 루이지에게 시집간 여동생 마틸다는 남편을 자살로 잃었다.

그리고 과거에 루트비히 2세와 약혼했다가 파혼한 후 프랑스의 알랑송 공작에게 시집간 막내 여동생 소피가 파리에서 대화재에 휘말려 불에 타 죽었다. 루트비히 2세의 유령이 남긴 예언은 소피를 가리킨 것이었다. 시시도 스위스의 레만 호숫가에서 이탈리아의 무정부주의자에게 심장이 찔려 불귀의 객이 되고 말았다. 워낙 순식간에 일어난 일이라서 금방 숨이 끊어졌다. 결국 루트비히 2세의 유령이 말한 예언이 모두 적중했다.

현재 루트비히 2세가 최후를 맞이한 슈타른베르크 호숫가에는 왕의 유령을 위로하는 예배당이 세워져 있다. 그리고 서로 마주보듯 왕의 시신이 발견된 호수의 야트막한 여울에는 십자가 묘표가 세워져 있다.

루트비히 2세는 생전에 "남에게나 자신에게나 수수께끼(의 존재)로 남고 싶다"라고 말했는데, 그 꿈이 이루어졌다고 할 수도 있다. "내가 죽으면 파괴하라"라고 유언했던 노이슈반슈타인성은 고고한 자태를 뽐내며 건재해 오늘날에도 바이에른 왕국의 후예들에게 관광 수입으로 막대한 경제적 효과를 가져다주고 있다.

⑩

괴승 라스푸틴의 암살을 둘러싼 풀리지 않는 수수께끼

"이놈이 범인이다!"

러시아 제국 말기 파란만장한 일생을 보낸 그리고리 예피모비치 라스푸틴(Grigorii Efimovich Rasputin, 1869~1916)은 '괴승', '괴물', '악마', '성(性)의 마술사' 혹은 '성승', '성인', '신의 아버지', '기적의 기도 치유사' 등 상반된 별명으로 불렸다.

그의 전기는 저자에 따라 사상과 연대가 각양각색이고 인간성 면에서도 큰 차이가 있다. 그에 대한 평가는 사후 100년 이상 지난 지금도 엇갈린다. 그러나 17세기에 시작된 로마노프 왕조가 붕괴하는 데 결정적 역할을 한 것은 사실이다.

라스푸틴은 1869년 1월 9일(1월 21일이라는 설도 있다) 시베리아의 한촌 포크로프스코예의 농가에서 다섯 번째 아들로 태어났다. 그는 초등교육조차 제대로 받지 못해 청년이 될 때까지 글을 읽고 쓸 줄 몰랐다. 시베리아 사투리도 심해 타향 사람들과 대화하는 데 애를 먹을 정도였다. 그러나 그는 잔뜩 성이 나서 날뛰는 말을 얌전하게 만드는 등 말 다루는 기술이 탁월했고, 순록을 길들여 타고 다니기도 했다.

어린 시절, 눈이 채 녹지 않은 4월에 형을 따라 낚시를 나갔다 두 형제가 강에 빠진 적이 있다. 다행히 라스푸틴은 구조되었으나 그의 형은 폐렴에 걸려 사망했다. 반면 의식을 되찾은 라스푸틴은 "감사합니다! 부인, 겨우 만나 뵐 수 있었네요"라고 외쳤다. 그의 주장에 따르면, 그 여성은 푸른색과 흰색 옷을 걸친 아름다운 천사의 모습이었다. 정신을 잃고 성모 마리아(러시아 정교에서는 인간 어머니 마리아)라도 만났던 것일까.

또 라스푸틴이 고열에 들떠 뒤척일 때 이웃 사람이 키우던 말 한 필이 없어져 큰 소동이 벌어졌다. 모여든 마을 사람들이 아버지와 나누는 이야기를 들은 라스푸틴은 이불을 걷어차고 몸을 일으켜 "이놈이 범인이다!"라며 한 농부를 가리켰다. 사람들이 집으로 돌아갈 때 다른 농부가 그 남자의 뒤를 밟았더니 훔친 말의 고삐를 풀어 도망가려 했다. 이런저런 사건을 겪으며 라스푸틴은 어린 시절부터 신비한 능력을 보여주었다. 그는 나중에 딸 마리아에게 누군가 멀리서 도둑질한 물건을 숨겨도 자신에게는 도난품이 보인다고 이야기했다.

1910년, 러시아 황제의 신임을 받던 시절의 라스푸틴

라스푸틴은 열여덟 살에 결혼했는데, 5년 후 아내와 어린 자식을 두고 순례 여행에 나섰다.

"하느님에게 조금이라도 가까이 다가가려면 이곳을 떠나야 한다오. 다음에 만날 때는 신비한 힘을 보여주겠소."

아내에게는 밭일을 하던 도중에 성모 마리아의 계시를 받아 순례 여행을 떠날 수밖에 없다고 말했다. 이때를 포함해 그는 몇 차례 순례를 떠났다. 순례 중에는 수도원 등에 머물며 읽고 쓰기와 최면술을 배웠다. 그러는 한편 수도원에서 입으로는 엄격한 규율을 강조하고 뒤에서는 동성애에 탐닉하는 성직자의 추태를 목격하는 등 불미스러운 일을 겪으며 만족스러운 신앙 생활을 할 수 없었다.

고향으로 돌아온 라스푸틴은 술을 끊고 육식을 삼가며 성실하게 기도를 드리는 열렬한 신자로 변신했다. 1900년에는 동방 정교회 성지인 그리스의 아토스산에서부터 튀르키예, 시리아, 요르단을 거쳐 성지 예루살렘에 당도했다.

이 무렵 그는 집 지하에 가설 예배당을 마련하고 친척과 농민들을 모아 기도회를 열었다. 그 마을에는 예배 시설이 없었다. 그런데 라스푸틴의 예배당에서 노랫소리가 들린다거나 집회 전에 여성 신자가 라스푸틴의 몸을 씻어준다는 불경스러운 소문이 돌았다. 이러한 사실로 라스푸틴은 러시아 정교에서 이단으로 규정된 흘리스트파 사제가 아니냐는 견해도 있다. 흘리스트파는 자기 몸을 채찍질하거나 무아지경으로 춤추는 등의 의식을 치르는데, 때로 성적인 일탈까지 벌인다는 소문이 돌았다. 나중에 수많은 여성을 거느리며 흠모의 대상이 되었던 라스푸틴, 어쩌면 그의 화려한 여성 편력이 이때부터 싹텄는지도 모른다.

라스푸틴의 문란한 성생활과 관련된 소문이 사실일까?

1904년(1905년이라는 설도 있다)에 수도 상트페테르부르크로 상경한 라스푸틴은 사람들이 청하는 대로 고민을 들어주고 해소해주며 '기적의 기도사', '하느님의 사람'이라는 칭호를 얻었다. 이윽고 그 소문이 황실에까지 전해졌다.

신비주의자로 알려진 밀리차 대공비(밀리차 니콜라예브나)와 여동생 아나스타샤 대공비(아나스타샤 니콜라예브나)도 라스푸틴의 마성에 사로잡혔다. 그 영향이 두 여자의 남편에게까지 미쳐, 그들은 함께 라스푸틴의 강력한 지원자가 되었다. 두 쌍의 대공 부부는 궁정 내에서 은밀한 실력자로서 '검은 가족'이라 불렸다.

대공비 자매의 지원을 등에 업고 차츰 상류계급 여성 신자가 증가했다. 으스스하고 날카로운 눈빛과 치렁치렁하게 기른 장발의 그를 귀부인들이 에워싼 사진이 남아 있다.

라스푸틴은 "인간은 누구나 그리스도다. 서로 사랑하라", "신이 육체적 욕망 덩어리인 남자를 만들었으니 남자가 욕망을 충족하는 건 죄가 아니다"라고 주장하는 등 방종한 성 의식의 소유자였다(이를 부정하는 설도 있다). 또 여성을 다루는 기술이 뛰어났고 정력도 절륜했다. 귀부인들 사이에서는 그에게 안기기를 바라며 금품을 바치는 사람도 있었다.

라스푸틴은 '성의 마술사'라는 별명도 얻었는데, '성'에 관한 일화를 다양하게 남겼다. 술에 취해 대중 앞에서 성기를 꺼내 보이거나 비밀경찰이 24시간 체제로 감시하는데도 문란한 생활을 즐겼다는 보고가 있다. 다만 이러한 일화는 그를 깎아내리기 위해 정적이 날조한 이야기일 수도 있다.

1905년 11월, 라스푸틴은 황후 알렉산드라 표도로브나의 지인 안나 타네예바 비루보바(라스푸틴의 정부였다는 이야기도 있다)의 소개로 드디어 러시아 황제 니콜라이 2세 부부를 알현했다. 그 당시는 1월에 일어난 제1차 러시아 혁명, 즉 노동자 시위에 군대가 발포한 '피의 일요일 사건'의 여운이 채 가시지 않은 상황이어서 황제의 근심이 깊었다. 반면 황후는 다른 고민을 안고 있어 신비주의에 집착했다.

황제 부부는 결혼 후 1년 터울로 네 명의 딸을 얻었다. 대를 이을 후계자 복이 없던 부부는 궁정으로 점술가와 마술사를 불러 점을 쳤다. 라스푸틴은 알현하기에 앞서 1903년 시점에 "1년 이내에 러시아 황제의 후계자가 태어난다"라고 공언했다. 그 예언대로 이듬해 7월에 황태자 알렉세이가 탄생했다. 그런데 생후 6주째에 황태자의 배꼽 주변에서 생긴 출혈이 사흘이나 멎지 않아 '로마노프 가문의 비밀스러운 지병'인 혈우병을 타고났음이 판명되었다. 혈우병은 유전적으로 혈액이 응고되지 않아 작은 상처에서 출혈이 생겨도 멈추지 않는 질환으로, 남성에게 발병하는 사례가 많다. 지금은 효과적인 치료법이 있으나 당시에는 불치병이어서 두려움의 대상이었다. 혈우병을 앓는 황태자 때문에 황후는 마음고생이 심했다.

황태자의 불치병인 혈우병을 기도로 치료한 라스푸틴

알렉산드라 황후는 독일 헤센 대공국의 대공 루트비히 4세와 대영 제국 빅토리아 여왕의 차녀 앨리스 사이에서 태어났다. 본명은 '알릭스 픽토리아 헬레나 루이즈 베아트리스 폰 헤센바이라인'이다. 일찍 어머니를 여의고 여섯 살 때부터 열두 살 때까지 외할머니인 빅토리아 여왕 슬하에서 자랐다.

그녀는 열두 살 때 상트페테르부르크에서 거행된 엘리자베트의 결혼식에 하객으로 참석했다가 결혼식에서 니콜라이 황태자(훗날 니콜라이 2세 황제)를 만났다. 두 사람은 서로 사랑하는 사이가 되었으나 두 사람의 결혼에는 몇 가지 장애물이 있었다. 우선 황후는 러시아 정교회 신자여야 했다. 그러나 독일에서 태어난 그녀는 프로테스탄트(루터파)였다. 게다가 니콜라이 황태자의 아버지로 미래의 시아버지가 될 알렉산드르 3세 황제는 독일이라면 치를 떨 정도로 싫어하는 반독일파였다. 빅토리아 여왕은 그녀와 손자인 앨버트 빅터 왕자가 결혼하기를 바랐다. 빅터 왕자는 앞에서 소개한 잭 더 리퍼 사건의 용의자로 거론된 인물이다.

결국 그녀는 러시아 정교로 개종하고 이름도 알렉산드라로 개명해 로마노프 가문의 며느리가 되었다. 그러나 독일과 영국에서 자란 그녀에게 러시아 제국의 궁정 사회는 야만스러운 분위기처럼 느껴졌다. 국민에게 인기 있는 전 황후 마리아 표도로브나와 비교되는 상황도 불편했다. 내향적인 성격도 한몫해 차츰 공개 석상을 피했다. 아들인 황태자 알렉세이가 혈우병임을 알고 나서는 은둔하는 성향이 더 강해졌다.

그때 라스푸틴이 알현을 요청했다. 그는 황제 부부에게 황태자를 도와주겠다고 약속했다. 어느 날 황태자가 고통에 겨워 신음하자 라스푸틴이 침대 옆에서 무릎을 꿇고 조용히 기도를 드렸다. 기도드리는 그의 이마에서 땀이 폭포수처럼 솟아났다. 한참 동안 기도를 드리고 조용히 일어선 뒤 황태자에게 엄숙하게 말했다.

"아들아, 눈을 뜨거라."

그러자 황태자가 눈을 떴다. 신기하게도 출혈이 멈추었다.

황제 가족이 폴란드로 여행 갔을 때 황태자의 샅굴 부위에 큰

종양이 생겨 부어올랐다. 끙끙 앓는 자식을 지켜보던 황후는 라스푸틴에게 전보를 쳤다. 그는 평소처럼 무릎을 꿇고 멀리 있는 황태자를 향해 기도했다. 그는 기도를 마치고 "보시는 것만큼 위험하지 않으니 염려하지 마십시오"라는 답장을 전보로 보냈다.

궁정 의사단은 황태자를 치료하기 위해 아스피린을 사용하거나 진흙 찜질 요법을 시행했다. 그러나 라스푸틴은 그 치료를 중단하라고 황후에게 고했다. 아스피린은 혈액을 묽게 하는 작용을 해 혈우병에 역효과를 내는 약물이다. 한편 라스푸틴의 치료법은 최면술을 활용해 진정시키는 심리 요법이어서 몸에 부담을 주지 않기 때문인지 황태자의 증상이 눈에 띄게 호전되었다.

라스푸틴은 황태자가 열두 살 때 "열세 번째 생신을 맞이한 뒤 서서히 쾌차하실 것입니다"라고 예언했다. 또 "황태자는 혈우병으로 돌아가시지 않습니다", "제가 살아 있는 한 황태자는 돌아가시지 않습니다"라고 단언했다. 그러자 황후는 라스푸틴을 점점 더 신뢰해 곁에 붙들어두려 했다.

라스푸틴은 왜 러시아가 독일 제국을 상대로 전쟁을 벌이는 것을 강력히 반대했을까?

1914년 7월 제1차 세계대전이 시작되었고, 러시아 제국은 독일 제국과 격전을 벌였다. 니콜라이 2세 황제는 군대의 사기를 진작시키기 위해 전장에 나가 몸소 지휘봉을 잡았다. 황제가 자리를 비우자 궁정에서 내정을 맡은 황후는 신뢰하는 라스푸틴의 의견을 정치에 반영시키려 했다. 참고로, 라스푸틴은 러시아의 군주제, 즉 로마노프 왕조의 존속을 위해서는 전쟁을 하면 안 된다며 일관되게 반전을 주장했다.

궁정 안팎을 불문하고 적국 독일 태생인 황후에게 의심의 눈길을 보내는 사람이 적지 않아 '황후와 라스푸틴은 독일의 스파이'라는 소문이 돌았다(독일군 참모 본부는 은밀하게 라스푸틴에게 연락을 시도했다고 알려졌다).

정신적으로 궁지에 몰린 황후는 영어로 히스테리를 부릴 정도로 불안정해졌다. 그녀의 유일한 심적 버팀목이 라스푸틴이었다. 그리고 전장에 있는 황제에게 "부디 라스푸틴을 믿어주십시오", "그가 심각한 이야기를 할 때는 깊은 의미가 있사옵니다"라고 꾸준히 전보를 보냈다.

한편 정부의 고관들은 일개 승려가 정치에 관여하는 상황이 달갑지 않았다.

"라스푸틴은 황후의 애인이다. 두 사람 사이에 숨겨진 자식이 있다."

원색적인 비방이 난무하자 두 사람은 차츰 입장이 곤란해졌다. 이에 대항해 황후는 총리와 경찰 장관, 육군 장관, 법무 장관 등을 차례로 파면했다. 그러나 황후의 보복성 인사로 두 사람은 점점 더 고립되었고 라스푸틴의 정적은 늘어만 갔다. 심지어 그의 암살을 계획하는 사람까지 등장했다.

치사량의 청산가리와 독을 마시고도 죽지 않은 라스푸틴, 그러나……

라스푸틴 암살 계획을 세운 펠릭스 펠릭소비치 유수포프 공작은 러시아 굴지의 명문 귀족이었다. 그는 상트페테르부르크에 있는 궁전 네 채 외에도 유전, 광산, 공장 등을 소유한, 로마노프 가문을 능가하는 자산가였다. 아내는 니콜라이 2세 황제의 조카로, 미인이라는 정평이 자자한 일리나 알렉산드로브나 공주였다. 따라서 황제와 매우 가까운 사이였다.

그런데 유수포프는 여장 취미가 있고, 동성애자라는 소문도 있었다. 니콜라이 2세의 사촌인 드미트리 파블로비치 대공이 그와 애인 사이였다는 설도 있다. 또 진위는 알 수 없으나 라스푸틴에게 육체관계를 요구했다가 거절당했다는 설도 있다.

유수포프는 라스푸틴을 암살하기 위해 동료를 모아 '블랙 헌드레즈(Black Hundreds)'라는 조직을 결성했다. 이 조직에는 파블로비치, 지인인 세르게이 미하일로비치 수코틴 대위, 극우 정치인이었던 블라디미르 푸리시케비치 의원, 전 군의관 스타니슬라우스 드 라조베르 박사 등이 이름을 올렸다.

유수포프는 아내인 일리나를 만나게 해주겠다며 라스푸틴을 유인했다. 1916년 12월 17일 오후 1시경, 라스푸틴은 자동차로 마중 온 유수포프와 함께 유수포프 가문이 소유한 모이카 궁전(유수포프 궁전)을 방문했다. 유수포프는 화려한 세간살이와 미술품을 늘어놓아 식당으로 위장한 지하실로 라스푸틴을 유인했다. 그리고 아내인 일리나는 2층에서 지인과 함께 있으니 여기서 차를 마시며 기다리라고 말했다.

라스푸틴 앞에는 청산가리를 뿌린 아기자기한 프티푸르가 차려져 있었다. 달콤한 음식이라면 사족을 못 쓰는 라스푸틴은 디저트를 집어 먹었다. 디저트 접시가 비어가도록 먹어도 그의 얼굴은 태연했다. 유수포프는 공황 장애를 일으킬 지경이었으나 꾹 참고 이번에는 청산가리를 바른 유리잔에 마데이라주를 따라서 권했다. 물론 자신은 독을 바르지 않은 잔을 사용했다. 라스푸틴은 두 잔을 비우고도 아무런 반응이 없었다.

유수포프는 "아내를 보고 오겠다"라고 말한 뒤 위층에서 대기 중이던 동료들에게 달려갔다.

"독이 효과가 없어! 저놈은 괴물이야!"

당황한 유수포프가 다급하게 상황을 설명하자 일동은 침묵에 빠졌다. 다 같이 습격해서 목을 졸라 죽일 계획이었으나 마지막에 유수포프가 파블로비치에게서 권총을 받아 들었다.

"머리가 무겁고 위가 타는 듯하다."

유수포프가 지하실로 돌아왔을 때 라스푸틴은 고통스럽게 호흡하고 있었다. 그런데 그는 술 한 잔을 더 청해 단숨에 비우더니 기운을 되찾았다. 그러고 나서 한동안 대화를 나눈 뒤, 유수포프는 수정 십자가를 물끄러미 바라보는 라스푸틴의 심장을 노려 총을 쏘았다. 라스푸틴은 신음을 뱉으며 바닥에 나뒹굴더니 더는 움직이지 않았다.

비밀경찰이 라스푸틴을 미행 중일지 몰라, 그를 집으로 보낼 위장 공작을 위해 동료들은 유수포프 궁전을 나섰다. 혼자 남은 유수포프는 만약의 상황에 대비해 라스푸틴의 숨이 확실히 끊어졌는지 확인하려고 했다.

그런데 라스푸틴의 얼굴이 살짝 경련하기 시작했다. 그러고는 천천히 한 쪽씩 눈을 뜨더니 벌떡 일어났다. 입에서 피를 흘리고 격렬한 증오가 담긴 눈으로 노려보며 짐승처럼 소리를 내지르더니 유수포프의 목을 조르려고 덤벼들었다. 유수포프는 필사적으로 뿌리쳤다. 라스푸틴은 계단을 기어 올라가 중정을 향해 도망쳤다.

"라스푸틴이 살아 있다!"

유수포프가 뒤쫓으며 큰 소리로 외쳤다. 도주하는 라스푸틴을 푸리시케비치가 뒤쫓았다. 잠시 후 네 발의 총성이 들렸다. 유수포프가 중정으로 나갔더니 푸리시케비치가 라스푸틴의 시신을 내려다보고 있었다.

그 후 유수포프 일행은 시신을 카펫으로 둘둘 말아 차에 싣고 볼쇼이 페트로프스키 다리까지 운반한 뒤 네바강에 던져버렸다. 유수포프는 강 표면이 꽁꽁 얼어 있어 시신이 그대로 핀란드만으로 흘러가서 영원히 떠오르지 않기를 바랐다.

마음이 급했던 유수포프 일행은 다리 위에 라스푸틴의 부츠와 코트를 그대로 놓고 왔다. 또 시신이 떠오르지 않도록 추 역할을 할 물건을 매달아두어야 하는데, 워낙 경황이 없던 터라 카펫으로 둘둘 만 채 던져 넣어 다음 날 다리 근처 강변에서 시신이 발견되었다. 이렇게 해서 라스푸틴의 암살이 세상에 알려졌다.

라스푸틴의 암살 사건을 둘러싼 몇 가지 미스터리

라스푸틴의 암살에는 몇 가지 수수께끼가 있다. 우선 왜 라스푸틴은 독극물을 먹고도 죽지 않았을까? 여기에는 몇 가지 설이 있다.

첫째, 당시 약물은 보존 상태가 열악해 효과가 나타나지 않았다는 설이다. 청산가리는 공기 중에 방치하면 산화해서 염산칼륨으로 변질되는데, 당시 러시아에서는 질이 떨어지는 약물과

가짜 약을 판매하는 상점이 적지 않았다. 유수포프가 입수한 청산가리도 품질이 떨어지는 조악한 제품이었을 수 있다.

둘째, 체내에 청산가리가 들어갔으나 화학 반응을 일으키지 않았다는 설이다. 위에 청산가리가 들어가면 위산과 반응해 기체인 청산(사이안화수소)이 발생한다. 이 기체가 역류해서 기도를 통과해 폐로 들어가 혈액 속의 헤모글로빈과 결합함으로써 세포에 산소를 공급하지 못하면 죽음에 이른다. 그러나 라스푸틴은 위산이 분비되지 않는 위산 없음증(achlorhydria)이라는 특이 체질이라서 사이안화수소가 발생하지 않았다는 주장이다.

셋째, 라스푸틴이 청산가리를 먹지 않았다는 설이다. 검시 결과에 따르면, 라스푸틴의 위에서는 청산가리가 검출되지 않았다. 이 사실로 공범 중 누군가가 마음이 바뀌어 해가 없는 물질로 바꿔치기했거나 라스푸틴의 암살 사건을 진술한 유수포프의 회고록이 엉터리로, 처음부터 청산가리 따위는 사용하지 않았을 가능성도 부정할 수 없다. 그 밖에 디저트와 마데이라주의 당분이 독을 중화했다는 설도 있는데, 모두 추측의 범위를 벗어나지 못한다.

검시 결과, 라스푸틴의 시신에서 심한 고문을 받은 듯한 흔적이 발견되었다. 몸에는 질기고 유연한 무언가로 강하게 내리쳐 때린 듯한 상흔이 있고, 목에는 밧줄을 감은 흔적이 남아 있었다. 오른쪽 안구는 튀어나오고, 왼쪽 귀는 찢어져 축 늘어지고, 좌우

고환이 짓이겨져 있었다.

유수포프는 회고록에서 라스푸틴의 시신을 보고 분노 발작을 일으켜 곤봉으로 두들겨 팼다고 진술했다. 그러나 고환 훼손에 관해서는 언급하지 않았다. 유수포프는 사건 당시 암살 동기를 "애국심이 솟구쳐서"라고 증언했으나 만년에는 "라스푸틴이 여자만 보면 눈이 돌아가 손을 대는 모습이 혐오스러워서"라고 말을 바꾸었다. 그렇다고 해도 도가 지나쳤다. 무언가 말할 수 없는 원한이 있지 않았을까.

마찬가지로 검시 결과 시신의 폐에 물이 차 있었다는 사실을 근거로 강에 빠진 뒤에도 한동안 살아 있었다고 보는 견해도 있다. 놀랍게도 강물 속에서 발견된 라스푸틴은 양손을 묶었던 밧줄을 풀고 오른손을 들어 올려 마치 십자가를 그리는 듯한 모습이었다고 한다.

영국 개입설의 개연성이 높은 이유는?

라스푸틴의 암살에 얽힌 수수께끼에 영국 비밀 정보부(SIS)가 관여했다는 설도 있다. 라스푸틴에게 박힌 총탄이 이를 뒷받침하는 증거가 될 수 있다는 주장이다. 그의 몸에는 세 발의 총알이 박혀 있었다. 첫 번째는 왼쪽 복부로 들어가 위와 간을 관통했다(유수포프의 총격으로 추정). 두 번째는 등 오른쪽으로 들어가 신장을 관통했다(푸리시케비치의 총격으로 추정). 치명상을 입힌 마지막 총알은 이마로 들어가 뇌를 뚫고 박혔다. 그런데 세 발 모두 각각 다른 구경의 총에서 발사되었다. 마지막 한 발은 영국제 회전식 권총 웨블리 리볼버일 가능성이 높다는 결론이 나왔다. 참고로, 유수포프는 벨기에제 자동 권총 FN 브라우닝을 사용하고 있었다.

세 번째 총알이 다르고 숨통을 끊은 권총이 영국제였다는 사실로 영국 비밀 정보부와 유수포프가 주도한 블랙 헌드레즈가 은밀하게 손잡았다는 견해도 있다. 범인은 유수포프가 옥스퍼드 대학교에서 유학하던 시절 친구인 오즈월드 레이너라는 소문이 돌았다. 사실 레이너는 영국 비밀 정보부의 첩보 요원이었다. 프랑스어, 독일어 외에도 러시아를 유창하게 구사한 그는 제1차 세계대전이 시작되자 페트로그라드(제1차 세계대전 중에 상트페테르부르크에서 개칭)로 파견되었다. 또 1916년 겨울 빈발한 대규모 파업 시위를 레이너가 조종했다는 추측도 있다.

레이너 관여설은 라스푸틴 암살 직후에 나온 소문이다. 이 소문을 들은 니콜라이 2세 황제는 영국 대사를 불러 추궁했다. 실제로 레이너는 암살 당일 밤 모이카 궁전에 있었던 모양이다. 그리고 그가 애용하던 권총이 웨블리 리볼버였다는 사실도 알려졌다. 또 레이너의 동료가 암살에 관여했다는 사실이 담긴 편지도 발견되었다.

그렇다면 왜 영국 비밀 정보부는 라스푸틴의 암살에 관여했을까? 왜 영국은 라스푸틴을 살해할 필요가 있었을까? 당시 영국과 러시아가 처한 상황을 고려하면 쉽게 이해할 수 있다.

1914년 6월 28일, 오스트리아·헝가리 제국의 제위 계승자 프란츠 페르디난트 대공이 보스니아의 사라예보에서 암살되며 제1차 세계대전이 발발했다. 8월 1일 독일이 러시아에 선전 포고를 했고, 사흘 뒤 영국이 독일에 선전 포고를 했다.

이렇게 동맹국(독일 제국, 오스트리아·헝가리 제국, 오스만 제국, 불가리 왕국)과 연합국(대영 제국, 러시아 제국, 프랑스 공화국, 이탈리아 왕국 등)은 이른바 '총력전'이라 불리는 국가의 운명을 건 전쟁에 돌입했다.

라스푸틴은 러시아가 어떠한 전쟁에도 관여하지 않아야 한다는 주장을 황후에게 주입했다. 만약 황후가 황제를 움직여 독일과 평화 조약을 체결하고 러시아가 동부 전선에서 이탈하면 독일은 서부 전선에 집중해 영국이 곤경에 처할 것이었다. 이런 상황을 방지하기 위해 영국은 라스푸틴을 매장할 필요가 있었다.

영국 정부의 지시를 받은 레이너의 목적과 학창 시절 친구 유수포프의 이해가 맞아떨어져 서로 협력해서 라스푸틴을 살해했다는 주장이다. 물론 이는 정황상 증거일 뿐 사건은 여전히 미궁 속에 빠져 있다.

모두 적중한 라스푸틴의 예언

라스푸틴의 죽음이 정부 관계자들에게는 환영할 만한 사건이었지만, 자신들의 대변자를 상실한 민중에게는 날벼락 같은 소식이었다. 알렉산드라 황후는 분노로 치를 떨며 유수포프와 파블로비치의 처형을 주장했으나, 남편인 니콜라이 2세 황제의 만류로 처형이 보류되었다. 최종적으로 황제의 명에 따라 유수포프는 도네츠강 유역의 도시 벨고로드로 추방당하고, 파블로비치는 페르시아 전선에서 복무하게 하여 현재의 이란으로 추방되었다.

라스푸틴이 암살되고 3개월이 지난 1917년 2월에 2월 혁명(제2차 러시아 혁명)이 일어나 니콜라이 2세는 퇴위하고, 마침내 로마노프 왕조는 종말을 맞았다. 혁명 후, 유수포프는 모이카 궁전에서 가지고 갈 수 있는 보석과 재산을 모조리 챙겨 아내인 일리나가 유폐된 크림으로 향했다. 그리고 크림에서 영국 군함을 타고 러시아에서 탈출했다. 그 후 영국으로 망명한 그는 1967년에 파리에서 생을 마감했다.

혁명 다음 달, 러시아 임시정부는 라스푸틴의 암살 수사를 중지하고 암살범을 사면한다고 발표했다. 그리고 1917년 10월, 소비에트 정부가 수립되었다. 이듬해 7월 17일, 혁명군은 예카테린부르크에 유폐된 황제 부부와 다섯 명의 자식을 비밀리에 총살했다.

라스푸틴은 죽기 직전 황제에게 다음과 같은 예언을 남겼다.

"만약 나를 죽이는 자가 농민이라면 러시아는 안정되겠지만, 그중에 황제 일족이 있다면 황제와 가족은 비참한 최후를 맞이할 것입니다. 그리고 러시아에서는 오랫동안 수많은 피가 흐를 것입니다."

이 예언은 모두 적중했다.

상트페테르부르크의 에로티카 박물관에 전시된 라스푸틴의 성기는 과연 진짜일까?

유수포프는 여색을 밝히는 라스푸틴을 혐오했으나, 그는 보란 듯이 수많은 여성과 염문을 뿌려 '성의 마술사'라는 별명을 얻었다. 워낙 많은 여성과 관계를 맺어 '거근 전설'까지 따라다녔다.

2004년 상트페테르부르크에서 문을 연 에로티카 박물관에는 라스푸틴의 성기가 전시되어 있다. 그의 시신이 심하게 훼손되었고 고환이 짓이겨져 있었는데, 훼손된 시신에서 성기만 따로 잘라냈을 수도 있다. 어쨌든 여기에는 두 가지 설이 있다.

첫째는 암살자 중 누군가가 살해 현장(모이카 궁전 지하실)에서 잘라낸 성기를, 다음 날 청소하던 하녀가 발견해서 보관했다는 설이다. 둘째는 시신의 사법 검시 후 라스푸틴을 따르던 여성이

자기 집으로 가져갔다는 설이다.

그 후 1920년대 파리의 여성 단체가 라스푸틴의 성기를 입수해 숭배 대상으로 삼는 사건이 벌어졌다. 당시 라스푸틴의 딸 마리아가 반환을 요구한 점으로 보아 어쩌면 진짜였을 수도 있다.

1970년대 후반, 라스푸틴의 성기가 미국 경매에 출품되어 화제가 되었다. 그러나 이는 진짜가 아니라 해양 생물인 해삼으로 밝혀졌다. 에로티카 박물관의 전시물은 2004년에 박물관 측이 프랑스인 골동품 수집가에게서 8,000달러에 사들인 것이라고 한다. 진품인지 아닌지는 의심스럽다. 말이나 소의 성기라는 말도 있었다. 그전에 딸이 어떻게 아버지의 성기 길이를 알고 있었는지도 의문이다. 죽음으로 다시 전설을 남긴 라스푸틴, '괴승'이라는 별명이 아깝지 않은 인물이다.

그가 살해된 모이카 궁전은 관람객에게 개방되어 누구나 견학할 수 있다. 살해 현장으로 추정되는 지하실에는 암살 상황을 재현한 라스푸틴과 유수포프의 밀랍 인형이 전시되어 있다. 그 방에서 기묘한 발소리를 들었다는 관람객도 있고, 관계자 중에는 "라스푸틴의 유령이 떠돌아다닌다"라며 꺼림칙하게 여기는 사람도 있다는 이야기가 전해지고 있다.

A
C

⑪

천재 과학자 니콜라 테슬라의 놀라운 미개발 기술

세르비아인들은 왜 테슬라를 신처럼 떠받들까?

일론 머스크가 회사 이름을 테슬라라고 지은 이유는 바로 세르비아 출신 물리학자 니콜라 테슬라(Nikola Tesla, 1856~1943)를 너무나 존경하기 때문이다.

세르비아에서는 어린아이부터 어른에 이르기까지 이 천재 과학자이자 발명가를 모르는 사람이 없을 정도로 자랑스럽게 여긴다. 그래서 세르비아로 들어가는 하늘 관문인 베오그라드의 공항 이름도 '니콜라 테슬라 공항'이라고 지었다. 100디나르 지폐에는 테슬라의 초상화가 담겨 있다. 니콜라 테슬라 거리는 물론 니콜라 테슬라 박물관도 있다. 또 국립 베오그라드 대학교 공학부 중정에는 '독서 중인 테슬라 좌상'이 설치되어 미래 과학자들의 본보기가 되고 있다.

세르비아 출신인 우리의 한 지인은 "세계적으로 유명한 세르비아인으로는 테슬라와 테니스 선수 노바크 조코비치 정도가 있다"라면서, 그런데 많은 사람이 테슬라를 크로아티아인으로 오해하고 있다며 애석해했다.

테슬라는 1856년 오스트리아 제국이 지배하던 세르비아인 거주 지역 스밀랴 마을(지금은 크로아티아령)에서 태어났다. 테슬라의 아버지가 세르비아 정교회 사제였으니, 테슬라가 세르비아인이라는 사실에는 이견이 없다. 크로아티아는 오스트리아와 마찬가지로 가톨릭 국가이기 때문이다.

테슬라의 국적 외에 테슬라가 '미치광이 과학자'라는 오해도 있다. 테슬라가 발명했다는 지진을 일으키는 무기를 찾기 위해 1995년에 한 옴진리교도가 수도 베오그라드를 방문한 적이 있듯, 일부 오컬트 추종자들이 테슬라를 숭배하고 있다. 이러한 편견에 대해 테슬라의 위대한 업적과 인간성을 올바르게 이해해달라고 우리의 지인은 말했다. 실제로 교류 전류, 전동기(모터), 형광등, X선 장치, 무선 통신도 테슬라가 발명한 것이다.

우리는 테슬라 이야기를 쓰기 위해 니콜라 테슬라 박물관을 취재했다. 20년 전 방문 당시에 비해 훌륭하게 개선되어 약간 놀랐다. 이 박물관은 베오그라드의 대사관과 국제기구가 즐비한 한적한 크룬스카 거리에 있다. 10시에 입장하려고 했더니 바깥 문에서 건물 입구로 이어지는 계단에 입장을 기다리는 긴 줄이 늘어서 있었다. 젊은 시민과 관광객들, 북유럽과 러시아에서 온 단체 관광객이 입장을 기다리고 있었다.

가이드 관람에서는 우선 테슬라에 관한 영어 동영상을 15분가량 감상하고, 테슬라 코일(Tesla coil)이 일으키는 방전 실험을 체험할 수 있다. 터빈이 돌아가기 시작하면 희미한 빛 속에서 손에 든 형광등이 번쩍 빛을 낸다. 실험을 지켜보는 주위의 긴장과 함께 체내를 전류가 내달리는 짜릿한 기분을 만끽할 수 있는데, 그 자리에서 주저앉는 여성도 있다. 테슬라가 자기 몸에 100만 볼트의 고주파 전류를 통과시키는 실험을 한 것에서 알 수 있듯 완벽하게 안전하다. 테슬라 코일은 테슬라가 1891년에 고안한 고주파·고전압을 발생시키는 변압기로, 불꽃 방전으로 진동 전류를 발생시킨다. 코일을 감은 횟수에 비례하는 공진식 코일로 진동시키는 장치다.

테슬라 박물관 관람객은 최근 연간 10만 명을 넘어섰다. 세계적 오컬트 열풍이 불어 그에게 관심을 가지는 사람이 많아졌다기보다 최근 부쩍 테슬라에 대한 평가가 높아졌기 때문이다.

역사, 정치, 종교 등에 관한 저술 활동을 하는 제프 다나레크(Jeff Danelek)의 홈페이지(https://www.toptenz.net/)에서는 인류 역사상 가장 위대한 발명가 순위에서 니콜라 테슬라가 아르키메데스의 뒤를 이어 2위를 차지했다(2011년 1월 발표). 또 2016년 미국의

세르비아 베오그라드에 있는 니콜라 테슬라 박물관에 전시된 테슬라 코일

온라인 설문 조사 '존경하는 역사상 인물'에서는 다빈치, 뉴턴, 갈릴레이, 아리스토텔레스, 아인슈타인, 플라톤, 모차르트에 이어 8위에 올랐다(HOTNEWS).

2017년에 개봉한 알폰소 고메스레혼 감독의 영화 〈커런트 워(The Current War)〉에서는 에디슨의 경쟁자인 라이벌 천재 과학자로 테슬라가 등장했다.

테슬라의 인생을 바꿔놓은 '눈굴리기 에피소드'

테슬라는 어린 시절부터 '신동' 소리를 들으며 자랐다. 8개 국어를 구사하는 어학 능력 외에 음악적 재능도 뛰어났고, 특히 수학적 재능이 탁월했다. 다섯 살 때 혼자 물레방아를 만들어 근처 개울에서 가지고 놀 정도로 손재주도 뛰어났다. 테슬라가 다섯 살 때 낙마 사고로 일곱 살 위 형을 잃은 사건이 큰 상처를 남겼는지, 그는 내성적이고 신경질적인 성격을 지닌 사람으로 성장했다.

초등학생 시절 친구와 근처 산에 올랐는데, 조금씩 내리던 눈이 도중에 눈보라로 바뀌었다. 테슬라는 쌓인 눈을 뭉쳐 벼랑 아래로 던졌다. 눈덩이 몇 개는 나무에 맞고 멈췄으나 마지막 눈덩이는 나무 사이를 빠져나가 데굴데굴 굴러갔다. 눈덩이는 서서히 속도가 붙더니 점점 거대해져 나무를 쓰러뜨리고 바위를 움직이며 계속 굴러 순식간에 굉음과 진동이 골짜기에 울려 퍼졌다. “조건만 갖춰지면 작은 눈덩이로도 강력한 에너지를 만들어낼 수 있다는 사실을 깨달은 사건이었다”라고, 이후 테슬라가 그 당시를 회상하며 말했다.

이윽고 테슬라는 고향을 떠나 오스트리아의 그라츠 공과대학교에 진학했다. 교류 유도 모터 개발에 푹 빠져 있던 그 시절 기묘한 병을 앓았다. 감각이 이상하게 예민해져 다른 방에 있는 시곗바늘 소리가 거슬리고, 작은 진동이 지진처럼 커지며, 어슴푸레한 빛이 섬광처럼 눈이 부시고, 피부에 무언가 가볍게 닿기만 해도 심한 통증을 느꼈다. 테슬라는 그 병을 위대한 발명을 탄생시키기 위한 큰 시련이라고 생각한 듯하다.

테슬라는 아버지가 돌아가시자 대학을 중퇴하고 헝가리 부다페스트에 있던 국영 전신국에 취업했다. 그러던 어느 날 저녁, 공원을 산책하며 친구에게 들려주기 위해 괴테의 『파우스트』 한 구절을 암송하던 중 느닷없이 머릿속에 교류(AC) 유도 모터 아이디어가 떠올랐다.

그 후 테슬라는 프랑스 파리의 콘티넨털 에디슨(Continental Edison)에 입사했다. 이 회사는 발명왕 토머스 에디슨이 설립한 에디슨 전등회사(현재의 제너럴 일렉트릭)의 프랑스 법인이었다. 프랑스 북동부의 도시 스트라스부르에 머물던 중 테슬라는 드디어 교류 유도 모터 시작품을 완성했다.

‘가짜 발명왕’ 에디슨과의 운명적인, 그러나 불행한 만남

1884년, 교류 유도 모터를 전 세계에 보급하겠다는 큰 뜻을 품고 미국으로 건너온 테슬라는 유럽의 에디슨사 사장의 소개장을 들고 에디슨을 찾아갔다. 당시 에디슨은 이미 축음기 등을 실용화해서 명성이 널리 알려져 있었다. 소개장에는 이렇게 적혀 있었다.

“저는 큰 인물을 두 명 알고 있습니다. 그중 한 사람은 에디슨 회장님이시고, 다른 한 사람은 지금 회장님 앞에 서 있는 청년입니다.”

에디슨은 백열전구 발명자로 알려져 있으나 백열전구를 최초로 발명한 사람은 영국의 조지프 윌슨 스완(Joseph Wilson Swan)이다. 에디슨이 스완의 발명품을 약간 보완해서 세상에 내놓은 것이다. 아무튼 백열전구 발명으로 조명이 켜져 있는 시간이 큰 폭으로 확대되었으며 세상을 바꿔놓았다. 에디슨은 신문 기자를 모아놓고 진행한 공개 실험을 통해 백열전구의 유용성과 자신의 공헌을 강조했다. 훗날 스완이 소송을 제기해 법정 공방을 벌였으나 에디슨이 승리해 특허 취득도 확정되었다. 일련의 사건을 겪으며 에디슨은 ‘발명왕’이자 동시에 ‘소송왕’이라는 별명을 얻었다.

에디슨은 백열전구를 판매하는 합병 회사를 세우고 직류 전력을 공급하는 시스템을 확립했다. 그 후 직류(DC) 방식으로 도시 중심부와 공장에 전력을 공급하기 시작했다. 장차 미국 전역에 직류를 보급해 백열전구를 팔겠다는 심산이었다.

그러던 어느 날 에디슨은 "(직류로 설계된) 공장을 교류로 가동한다면 5만 달러의 보상금을 지급하겠다"라고 테슬라에게 제안했다. 교류에 집착하는 테슬라에게 직류의 우수성과 안전성을 자부하는 에디슨이 내민 도전장이었다. 그러나 테슬라는 불철주야 연구에 매진해 에디슨의 도발적인 제안을 실현해냈다.

그는 에디슨의 예상을 훨씬 넘어서는 진정한 천재였다.

테슬라는 한번 머리에 들어온 정보는 모조리 기억할 정도로 기억력이 뛰어났다. 게다가 그는 설계도를 그리지 않고 기계와 장치의 세부 부품까지 완벽하게 만들어낼 만큼 탁월한 재능을 지닌 사람이었다. 테슬라에게 사고 세계와 현실은 거의 오차가 없었다.

에디슨은 이미 직류 시스템에 상당한 자본을 투자한 데다 발명왕으로서의 자존심도 걸려 있었다.

"네놈은 미국식 유머를 이해하지 못하는구나."

에디슨은 테슬라를 비꼬며 보상금을 지급하지 않았다. 평소에 감정을 거의 드러내지 않던 테슬라도 이때만은 격노했다. 그는 에디슨의 회사에서는 교류를 실현할 수 없다고 판단해 그 자리에서 바로 사표를 냈다.

에디슨과의 전류 전쟁에서 완벽하게 승리한 테슬라

에디슨 전등회사를 퇴사한 테슬라는 전기 수리와 일용직 육체 노동을 하면서 근근이 먹고살았다. 그러다가 마침내 학회에서 자신이 발명한 교류 유도 모터를 발표할 기회를 얻었다. 그 무렵 에디슨의 경쟁자로서 발명가이자 실업가였던 조지 웨스팅하우스(George Westinghouse)가 테슬라의 발명에 흥미를 보였다. 교류 이론에서 큰 가능성을 발견한 웨스팅하우스는 테슬라의 다상 교류 시스템 특허를 사들였다. 그뿐만 아니라 그를 웨스팅하우스 일렉트릭 컴퍼니(Westinghouse Electric Company)에 기술 고문으로 초빙해 2,000달러의 월급을 주며 파격적인 대우를 했다. 이렇게 해서 에디슨(직류) 대 테슬라+웨스팅하우스(교류)의 싸움, 이른바 '전류 전쟁'이 시작되었다.

테슬라는 교류 송전의 우위성을 주장하며 교류 시스템 지지자를 확보해갔다. 직류는 변압이 어렵고 전기 저항으로 전압 강하가 커서 소비지 근처에 많은 발전소를 건설해야 하는 데다가 전력 손실도 막대해 생산 단가가 높다. 반면 교류 전류는 변압기로 쉽게 전압을 바꿀 수 있어 송전선에 높은 전압을 걸어 송전 손실을 줄일 수 있고 원거리 송전도 가능하다.

한편 에디슨은 정치권에 연줄을 대고 물밑 공작에 나서 몇 개 주에서 송전 전압을 800볼트로 제한하는 법안을 제정하려 했으나 실패로 끝났다. 그 후 신문 기자를 초대해 교류로 들개 등을 살처분하는 실험을 선보였다. 사람들에게 교류에 대한 공포심을 심어주기 위해서였다.

또 에디슨은 '전기(electric)'와 '사형(execution)'을 합한 '감전사(electrocution)'라는 신조어를 고안했다. 사실 이 단어를 만들기 전 뉴욕주에서 사형수의 처형 방법을 의뢰받아 이를 교류 네거티브 캠페인에 이용한다는 발상을 떠올렸다. 뉴욕주는 에디슨의 조언을 수용해 전기 사형을 허가하는 법률을 시행했다. 이렇게 해서 세계 최초로 전기의자가 만들어졌다.

그러나 전기의자로 집행하는 사형은 에디슨의 기대대로 흘러가지 않았다. 첫 번째 사형 집행은 17초 동안 전기를 흘려보냈으나 사망하지 않았고, 두 번째는 1분 넘게 전기를 흘려보냈다. 발전기가 2,000볼트까지 올라가면 사형수가 듣기 거북한 신음을 내질렀고, 머리에서 연기가 나며 고기 익는 냄새까지 감돌다가 마침내 불꽃이 타올랐다.

이튿날 《뉴욕 타임스》를 비롯한 각 언론매체는 "교수형보다 훨씬 끔찍하다"라며 비판적인 기사를 보도했다. 그런데도 에디슨은 '교류로 사형을 집행한다 = 웨스팅하우징(Westinghousing)'이라는 신조어까지 만들어 유행시키려 했으나 그의 의도대로 흘러가지 않았다.

1893년 시카고 만국 박람회에서 웨스팅하우스가 모든 전기 설비를 책임지게 되었다. 미시간 호수 주변의 280만 제곱미터에 이르는 행사장에는 교류 시스템을 사용한 조명이 찬란하게 불을 밝혔다. 같은 해 나이아가라 폭포를 이용한 수력발전소 건설에 착수했는데, 교류 시스템을 주장한 웨스팅하우스의 회사가 경쟁입찰로 선정되었다. 테슬라는 완전한 승리를 거두었다.

한편 전류 전쟁에서 에디슨이 패배한 원인은 그가 고등교육을 받지 못해 교류의 원리를 이해하는 데 필요한 미분, 적분, 삼각함수 등의 지식이 없었기 때문이라는 주장도 있다. 훗날 테슬라는 인터뷰에서 "에디슨은 책으로 학습하는 일이나 수학적 지식을 경시했으며, 자신의 발명가로서 직감과 실천적인 미국인다운 감각만 맹신했다"라고 평가했다. 또 에디슨의 명언 "천재는 1퍼센트의 영감과 99퍼센트의 노력으로 이루어진다"를 "천재는 99퍼센트의 노력을 허무하게 만드는 1퍼센트의 영감으로 이루어진다"라고 비꼬았다.

"결혼한 발명가는 위대한 창조물을 만들 수 없다"

인맥도 자금도 없는 테슬라가 미국에서 성공을 거둔 비결은 무엇이었을까? 물리학자이자 발명가로서의 재능과 행동력이 주요 비결이었으나 그가 가진 남성으로서의 매력도 한몫했다. 188센미터(180센미티터 또는 190센티미터가 넘었다는 설도 있다)의 키에 체중이 64킬로그램밖에 안 되는 훤칠한 체형에 감미로운 인상, 이성적이면서도 온화한 성격은 많은 여성을 매료시켰다.

실제로 웨스팅하우스의 딸과 혼담이 오갔고, 세계적인 금융재벌 JP모건 체이스의 창립자인 존 피어폰트 모건의 딸 앤과 결혼 직전 단계까지 가기도 했다. 그러나 병적인 수준의 결벽증 등 천재다운 괴짜 기질이 발동해 결국 그는 앤과 파혼했다. 그 밖에 빼어난 외모와 신들린 연기력으로 '여신 사라'라는 별명을 얻으며 사랑받은 프랑스의 여배우 사라 베르나르 등 적지 않은 여성과 염문을 뿌렸다.

그러나 테슬라는 "결혼한 발명가는 위대한 창조물을 만들 수 없다. 자신이 가진 열정과 사랑을 모조리 여성에게 쏟아붓기 때문이다"라고 말하며 평생 독신을 고수했다. 이렇듯 그는 사랑하는 여성에게 푹 빠져 연구에 몰두하지 못하는 상황을 염려했던 게 아닌가 싶다.

그런 테슬라에게도 예외는 있었다. 뉴욕에서 잘나가던 피아니스트 마르그리트 메링턴만은 특별한 존재였던 듯하다.

"만약 돈이 있다면 어디에 쓰고 싶어?"

어느 날 테슬라가 마르그리트에게 물었다.

"시골에 집을 사고 싶기는 한데, 교외에서 다니기는 싫어."

마르그리트가 대답했다.

"내가 돈을 많이 벌면 뉴욕 한 구획을 사들여 숲을 조성하고, 한가운데에 별장을 지어줄게."

테슬라가 말했다. 그러나 안타깝게도 이 약속은 지켜지지 못했다.

모건이 추가 자금 지원 요청을 거부해 '세계 시스템'은 미완성으로 끝나고 에너지 공짜 시대의 기회가 사라지다

테슬라는 1889년 테슬라 코일에서 발생하는 고주파와 고전압을 활용해 지구 구석구석까지 송전하는 시스템을 구상해 1899년부터 연구에 착수했다. '세계 시스템'이라고 이름 붙인 이 장치가 실용화되면 전기를 무료로 사용할 수 있을 거라고 설명했다.

이 계획을 실현하는 단계에서 테슬라는 두 명의 조력자에게 자금을 지원받아 콜로라도스프링스 교외의 파이크스피크 기슭에 연구소를 건설했다. 그는 한 변이 30미터인 정사각형, 높이 8미터의 건물 위에 24미터짜리 목제 탑을 세우고, 그 위에 36.5미터의 금속 장대를 세운 뒤 그 끝에 지름 90센티미터의 동으로 된 구체를 설치했다. 그런 다음 테슬라 코일을 개량한 '확대 송신기'를 제작해 1,200만 볼트의 고전압을 발생시켰다.

또 테슬라는 번개의 방전을 관측해(콜로라도스프링스는 낙뢰가 많은 지역이었다) '지구 정상파'를 발견했다. 이것은 현재 '슈만 공진(Schumann Resonance)'으로 알려져 있는데, 지표와 전리층 사이를 벼락 방전으로 발생한 극초장파가 전파하는 현상이다. 테슬라는 이 공명 주파수에 전기 에너지를 실어 에너지 손실 없이 지구 어디라도 송전할 수 있다고 생각했다. 그리고 그는 연구소에서 약 40킬로미터 떨어진 장소에 50와트 백열전구 200개를 설치하고 무선으로 불을 켜는 실험에 성공했다. 이 실험으로 그는 지구가 전기를 띠고 있으며 '대전체'라는 사실을 증명했다.

테슬라는 이 연구소에서 1억 볼트의 고전압, 30만 헤르츠의 고주파를 만들어낼 목표를 세웠으나 자금 부족으로 1년 반 만에 계획을 접어야 했다. 그러나 행운의 여신은 그를 버리지 않았다. 테슬라의 논문 「인류 에너지의 증대 문제」가 존 피어폰트 모건의 눈에 들어 그 자리에서 15만 달러의 자금 지원을 약속받았다. 훗날 그 액수는 총 30만 달러로 크게 늘어났다. 이 논문은 미래 인간 생활을 그렸는데, 과학 기술은 물론 도덕, 철학, 교육, 사회 문제 등 다방면에 걸쳐 다루었다.

1901년 롱아일랜드에 높이 57미터의 새로운 연구소 워든클리프 타워(Wardenclyffe Tower)가 건설되기 시작했다. 같은 해 12월, 이탈리아의 발명가 굴리엘모 마르코니(Guglielmo Marconi, 훗날 노벨 물리학상 수상)가 대서양 횡단 무선 통신에 성공했다. 그러나 여전히

3,500킬로미터 떨어진 지점에 'S' 자를 나타내는 모스 신호가 전해진 수준이었다. 게다가 이 실험에는 테슬라의 특허를 17가지나 사용했다. 그러나 자금 지원을 약속했던 모건이 추가 자금 지원 요청을 받아들여주지 않아, 안타깝게도 세계 시스템은 미완성으로 끝났다.

모건은 마르코니의 장치는 소형인데 테슬라의 장치는 너무 거대하다는 이유를 들었다. 물론 그 외에도 여러 가지 이유가 있었다. 우선 모건 기업에서 당시 전선용 동선을 독점했는데, 무선으로 무료 전기를 공급하면 동선이 무용지물이 되고 만다. 또 전기요금이 무료가 되면 에너지 자원으로서 석유의 가치도 크게 하락할 수밖에 없다. 이는 국제 석유 자본뿐 아니라 국가를 적으로 돌리는 행위가 될 수 있었다.

전류 전쟁 무렵, 미국 산업계에는 기업 합병의 폭풍우가 거세게 휘몰아쳤다. 금융 왕 모건, 철강 왕 카네기, 석유 왕 록펠러, 철도 왕 밴더빌트 등 거대 자본가가 관련 중소기업을 통합했다. 그 당시 테슬라를 지원하던 웨스팅하우스도 매수 대상이 되었다. 새로운 경영진이 내건 조건은 테슬라에게 지급하는 고액의 특허 계약을 파기하는 것이었다. 웨스팅하우스에서 고충을 토로하자 테슬라는 계약서를 찢어버렸다. 그는 힘든 시기에 자신을 도와준 은혜를 잊지 않았다. 그러나 이때 잃은 1,000만 달러 이상의 특허료가 있었더라면 '세계 시스템'은 물론 실현하지 못한 발명

테슬라가 고안한 무선으로 송전하는 '세계 시스템'을 위해 미국 롱아일랜드주에 건설된 전파탑 워든클리프타워. 높이가 무려 57미터에 달한다.

이 세상에 태어나 빛을 보았을 수도 있다.

2007년 6월 7일, MIT의 연구 팀은 무선 송신으로 약 2미터 떨어진 지점에 있는 60와트 전구를 점등시키는 실험에 성공했다. 개발자인 마린 솔랴치치(Marin Soljačić) 교수는 이 기술을 '무선(wireless)'과 '전력(electricity)'을 합쳐 '와이트리시티(WiTricity)'라고 명명했다.

이 실험의 핵심은 전력 송신 측과 수신 측을 같은 주파수로 공진시킨 점이다. 공명 주파수가 같은 두 개의 물체는 에너지를 효율적으로 교환할 수 있고, 다른 물체와의 상호 작용이 아주 약해 중간에 장애물이 있어도 차단되지 않는다. 또한 전력 송수신을 중개하는 비방사 전자계를 만들어내 에너지를 효율적으로 향상시킨다. 어쩌면 머지않아 인터넷과 마찬가지로 전력을 와이파이로 송전하는 시대가 올지도 모른다. 만약 현실에서 이 기술이 정말로 이루어진다면 테슬라의 '세계 시스템'이 실현된 것이라고 볼 수 있다.

테슬라의 연구에서 출발한 많은 발명가의 피눈물 나는 '공짜 에너지' 연구

테슬라는 '세계 시스템'으로 '자유 에너지(free energy)'를 실현하고자 했다. 자유 에너지란 입력에 필요한 에너지 이상으로 출력시켜 영원히 자유롭게 변환되는 에너지를 가리킨다.

2011년 개봉한 다큐멘터리 영화 〈스라이브(Thrive)〉는 지구 외의 지적 생명체, 미스터리 서클 등과 함께 자유 에너지를 다루었는데, 여기에 테슬라도 등장한다. P&G 창업자의 직계 후손인 포스터 갬블(Foster Gamble)은 이 영화 제작에 막대한 액수의 개인 재산을 쏟아부었다. 갬블은 스쿨버스 창으로 불가사의한 회오리바람 모양을 목격한 뒤 우주 에너지에 관심을 기울이게 되었다. 그는 프린스턴 대학교에서 공부하며 아버지의 기대를 배신하고 연구자의 길을 걸었다.

갬블은 오랜 연구 끝에 다양한 에너지가 트랜스 상에 흐른다는 결론에 도달했다. 트랜스란 공간 내 한 평면에서 서로 교차하지 않는 원과 직선이 있다면 그 직선을 축으로 평면을 한 바퀴 회전시켰을 때 원이 그리는 곡면으로, '원환면(torus)', '윤환면'이라는 용어로 표현한다. 우리가 일상에서 친숙하게 접하는 사물 가운데 오렌지와 사과의 단면, 자연현상에서는 소용돌이의 동적 성질, 지구의 자장, 나선 은하 등에서 볼 수 있다.

갬블에 따르면, 지구는 태양계에 속해 있고, 태양계는 은하계의 일부이며, 은하계는 성단에 속해 있고, 성단은 초성단에 속해 있어……, 우주에는 무한한 트랜스가 퍼져 있다. 또 트랜스 내부의 골격은 벡터 정팔면체인데, 이 형태는 우주에 충만한 에너지의 기본적 흐름을 나타낸다.

신비롭게도 트랜스와 벡터 정팔면체로 만들어진 64개의 사면체로 이루어진 도형이 세계 각지에서 발견되고 있다. 이집트의 오시리스 신전 벽의 도형, 중국 베이징 자금성의 사자상이 쥐고 있는 공에 그려진 도형, 인도 시크교 본부의 황금 사원, 튀르키예 에페수스의 아르테미스 신전 등에서 볼 수 있다.

이 영화에서는 자유 에너지가 이미 개발되어 있다면서 세 가지 예를 든다.

발명가 애덤 트롬블리(Adam Trombly)는 테슬라의 연구에서 아이디어를 얻어 장치를 회전시켜 행성과 유사한 자장을 만들어내 공기에서 전기를 추출하는 직류 발전기 개발에 성공했다고 한다. 그는 국제연합과 미국 상원에 초빙되어 강연하는 자리에서 조지 H. W. 부시 대통령 정권 당시 강제로 수사를 받고 발전기를 몰수당했다고 주장했다.

또 발명가 존 베디니(John Bedini)도 테슬라의 연구에서 영감을 받아 입력 에너지보다 많은 에너지를 생산하는 충전 장치를 발명했다. 그러나 이 장치를 저가로 판매한다고 발표했다가 습격받아 판매 계획을 철회했다고 한다. 그 밖에 발명가 존 허치슨(John Hutchison)도 테슬라의 연구를 참고해 중력을 거스르는 물체를 부상시키는 실험에 성공했는데, 몇 차례나 강제 수사를 받고 장치를 몰수당했다고 한다. 어느 발명가나 테슬라의 연구를 바탕으로 했다는 공통점이 있다.

'필라델피아 실험' 도중 군함이 홀연히 자취를 감추었다는데?!

미국 시민권을 얻은 테슬라는 애국심이 싹텄는지 전쟁의 포화가 들려오자 무인·무선 조종 잠수함에 폭탄을 탑재하고 적함에 돌진하는 전략을 미국 해군에 제안했다. 이 무기가 여섯 척 있으면 한 시간 이내에 적의 함대를 파괴할 수 있는데, 5만 달러의 비용이면 충분하다고 설명했으나 끝내 받아들여지지 않았다.

1931년, 테슬라는 테슬라 코일을 사용해 군함 선체를 레이더에서 사라지게 만드는 '프로젝트 레인보(Project RAINBOW)'를 미국 해군에 제안했다. 이번에는 그의 제안이 받아들여졌다.

일반적으로 선체 소멸(불필요한 자기를 삭제)에는 전자기를 사용한다. 선체에 코일을 감아서 대량의 전류를 흘려 자장을 형성해 함선에서 발생하는 자장을 지우는 방식이다. 그러나 거대한 군함(실제로 실험에 사용된 구축함 USS 엘드리지[DE-173]는 총길이 93미터에 1,240톤이었다)은 코일을 쉽게 감을 수 없다. 그래서 에너지가 큰 고주파를 사용해 단숨에 자장을 지우는 방법을 검토했고, 테슬라가 총책임자로 임명되었다. 이것이 그 유명한 '필라델피아 실험(Philadelphia Experiment)'이다.

그러나 테슬라는 3기의 테슬라 코일을 동시에 작동시키면 공명 현상으로 인해 주위에 해로운 고주파를 흩뿌려 막대한 피해가 발생할 가능성이 있다고 지적하며 실험이 시기상조라고 반대했다. 이 의견이 받아들여지지 않자 실험을 한 해 앞두고 총책임자에서 사임했다. 그의 후임으로 물리학자 존 폰 노이만(John von Neumann)이 임명되었다.

실험은 제2차 세계대전이 한창이던 1943년 10월 28일(8월 12일이었다는 설도 있다) 필라델피아 해상에서 진행되었다. 스위치를 켜자 USS 엘드리지는 레이더에서 사라졌다. 구축함이 레이더에서 사라진 직후 아름다운 녹색빛이 안개처럼 피어오르더니 돔 모양으로 선체를 감쌌다. 주위에 오존 비슷한 냄새가 감돌았으며 날갯짓 비슷한 소리가 들린 뒤 선내에서 강력한 전기 스파크가 발생했다. 선체는 살짝 공중으로 떠올랐다가 순식간에 투명해지더니 수많은 군인과 과학자가 지켜보는 가운데 홀연히 모습을 감췄다.

몇 분 뒤 USS 엘드리지는 원래 장소에 모습을 드러냈다. 그러나 몇 분 전과 완전히 다른 모습이었다. 주 돛대의 안테나는 고열로 녹아내린 듯 엿가락처럼 휘어져 있었다. 군함 안으로 진입하자 차마 눈 뜨고 볼 수 없을 정도로 처참한 참상이 펼쳐졌다. 승조원의 몸이 숯덩이로 변하거나 녹아서 걸치고 있던 옷가지만 남아 있거나 꽁꽁 얼어붙어 있었다고 한다. 몸 절반만 투명해진 시신과 선실 벽에 파묻힌 듯한 시신도 있었다. 두꺼운 철판에 둘러싸인 기계실 안에 있던 승조원은 외상이 없었으나 정신 착란 상태였다.

최종적으로 사망자와 행방불명자 16명, 정신 이상자 6명으로 집계되었다.

불가사의하게도 USS 엘드리지는 직선거리로 남남서로 340킬로미터 떨어진 버지니아주의 노퍽 군항에서 목격되었다. 필라델피아 해상에서 몇 분밖에 사라지지 않았는데, 노퍽에서는 6시간 동안이나 정박해 있었다는 증언이 있다.

미국 해군은 실험 목적을 달성했으나 전쟁이 진행 중이어서 외부에 알려지지 않도록 철저히 함구령을 내렸다. 그러나 1956년경에 이 실험을 처음부터 끝까지 지켜보았다고 증언한 카를로스 미겔 아옌데라는 인물이 작가이자 아마추어 천문가인 모리스 제섭에게 실험 내용을 상세하게 기록한 편지를 보내면서 세상에 알려졌다(미국 해군은 현재도 부인하고 있다).

이 참사를 과학적으로 검증해보자. 투명해진 물체는 고체, 액체, 기체의 뒤를 잇는 제4의 상태, 즉 플라스마 상태로 변했다고 추정할 수 있다. 함선 전체를 덮은 푸르스름한 빛은 플라스마 상태로 변하는 순간 발생하지 않았을까. 또 여러 개의 테슬라 코일이 동시에 작동함으로써 전자파 교차가 일어나 그 순간 발생한 거대한 플라스마 에너지가 군함 내부에 참사를 일으켰다고 볼 수 있다. 그리고 플라스마에서 발생한 강력한 자장이 뇌파에 영향을 주어 환각 상태 등 정신 이상을 일으켰다는 부분은 실험으로 증명되었다.

'3·6·9'의 풀리지 않는 수수께끼

1943년 1월 7일, 테슬라는 거주하던 뉴욕 맨해튼의 뉴요커 호텔(현재 윈덤 뉴요커 호텔)에서 여든여섯 살로 생을 마감했다. 가정을 꾸리지 않았던 그는 방에 오는 비둘기를 벗 삼아 지냈다. 그가 묵던 방의 창은 밤낮을 가리지 않고 열려 있어 비둘기가 자유롭게 드나들 수 있었다. 테슬라는 그중에서 하얀 암컷 비둘기를 애지중지했다. 그 비둘기가 죽고 얼마 지나지 않아 테슬라도 세상을 떠났다. 사인은 심장발작과 관상동맥 혈전증으로 알려졌는데, 암살설도 있다.

침대에서 숨이 끊어진 테슬라의 시신을 발견한 호텔 종업원이 경찰에 신고했다. 그 후 FBI는 그의 방 금고에 있던 서류와 설계도를 가져가서 복사한 뒤 세르비아로 반환했다고 한다. 그 일부는 현재 니콜라 테슬라 박물관에 보관되어 있으며, 2003년에 유네스코 기억 유산에 등재되었다. FBI가 수고스럽게 자료를 복사한 이유는 테슬라의 발명과 발견이 귀중하다고 판단했기 때문이다. 그중에는 아직 개발되지 않은 기구도 있다고 알려졌다.

마지막으로, 테슬라가 남긴 말을 살펴보자. 테슬라는 생전에 "3·6·9라는 숫자의 중요성을 알면 우주의 비밀을 풀 열쇠를 얻을 수 있다"라고 말했다. 그는 건물에 들어가기 전에 주위를 세 바퀴 돌거나, 호텔 방을 3으로 나누어지는 호수로 지정하거나

(그가 세상을 떠난 방은 3327호실), 18장의 냅킨으로 접시를 닦는 등 3·6·9라는 숫자에 집착했다.

왜 3·6·9가 그토록 특별한지 아래 예를 통해 검토해보자. 먼저 1~9의 배수를 9개 적어보자(초등학교에서 배운 구구단이다).

1의 배수 : 1, 2, 3, 4, 5, 6, 7, 8, 9

2의 배수 : 2, 4, 6, 8, 10, 12, 14, 16, 18

3의 배수 : 3, 6, 9, 12, 15, 18, 21, 24, 27

4의 배수 : 4, 8, 12, 16, 20, 24, 28, 32, 36

5의 배수 : 5, 10, 15, 20, 25, 30, 35, 40, 45

6의 배수 : 6, 12, 18, 24, 30, 36, 42, 48, 54

7의 배수 : 7, 14, 21, 28, 35, 42, 49, 56, 63

8의 배수 : 8, 16, 24, 32, 40, 48, 56, 64, 72

9의 배수 : 9, 18, 27, 36, 45, 54, 63, 72, 81

이들 숫자를 한 자릿수가 될 때까지 더한다. 예를 들어 12→1+2 = 3, 49 → 4+9 = 13 → 1+3 = 4가 된다.

1의 배수 : 1, 2, 3, 4, 5, 6, 7, 8, 9

2의 배수 : 2, 4, 6, 8, 1, 3, 5, 7, 9

3의 배수 : 3, 6, 9, 3, 6, 9, 3, 6, 9

4의 배수 : 4, 8, 3, 7, 2, 6, 1, 5, 9

5의 배수 : 5, 1, 6, 2, 7, 3, 8, 4, 9

6의 배수 : 6, 3, 9, 6, 3, 9, 6, 3, 9

7의 배수 : 7, 5, 3, 1, 8, 6, 4, 2, 9

8의 배수 : 8, 7, 6, 5, 4, 3, 2, 1, 9

9의 배수 : 9, 9, 9, 9, 9, 9, 9, 9, 9

이제 어느 정도 이해할 수 있겠는가? 3·6·9에서는 3·6·9만 반복해서 나오고, 나머지 숫자에서는 1~9 사이의 숫자가 나온다, 3·6·9에서 비롯된 '숫자의 신비'는 그 밖에도 있다. '3·6·9의 법칙' 등인데, 테슬라의 진의를 밝히는 수준에는 이르지 못했다. 그 비밀이 풀리는 순간, 새로운 발견과 새로운 기술이 탄생하지 않을까?

part
5

전승

tradition

⑫

현대에 재탄생한 흡혈귀, 드라큘라

영국 시인 바이런이 주최한 모임에서 흡혈귀와 프랑켄슈타인이 탄생했다고?

'세계의 3대 괴물 인간'을 꼽을 때면 사람들은 주로 늑대 인간, 드라큘라(흡혈귀), 프랑켄슈타인을 언급한다. 그중 흡혈귀와 프랑켄슈타인은 영국의 시인 조지 고든 바이런(George Gordon Byron, 1788~1824)이 주최한 괴담 모임에서 탄생했다.

1816년, 바이런 경은 영국을 떠나 스위스 레만호 근처의 저택에서 주치의 존 윌리엄 폴리도리(John William Polidori)와 함께 생활했다. 폴리도리는 바이런 경의 동성애 상대로 알려져 있다. 그곳으로 바이런 경의 애인 클래라 클레어몬트(Clara Clairmont), 시인 퍼시 비시 셸리, 훗날 셸리의 아내가 되는 메리 울스턴크래프트 고드윈(Mary Wollstonecraft Godwin)이 찾아왔다. 참고로, 셸리는 제6화 「목격한 사람의 목숨을 앗아가는 공포의 도플갱어」에 등장한 적이 있다.

그해는 한 해 전에 발생한 화산 분화의 영향으로 '여름이 없는 해'로 일컬어질 정도로 쌀쌀한 날씨가 이어졌다. 장마로 인해 집 밖으로 나가지 못하자 좀이 쑤신 다섯 사람은 각자 괴담을 지어 발표하기로 의기투합했다. 이것이 바로 괴담이나 공포물을 좋아하는 사람이라면 잘 알고 있는 '빌라 디오다티의 괴담 모임'이다. 그 당시 소개된 이야기를 기반으로, 메리 고드윈이 결혼 후에 메리 셸리라는 이름으로 발표한 작품이 소설 『프랑켄슈타인(Frankenstein; or, The Modern Prometheus)』이다. 폴리도리는 바이런 경이 창작한 이야기를 토대로 소설 『흡혈귀』를 완성해 바이런 경의 이름으로 발표했다.

그 후 1928년에 영국 작가 엘리자베스 그레이(Elizabeth Grey)가 소설 『스켈레턴 백작, 혹은 뱀파이어 여주인(The Skeleton Count, or The Vampire Mistress)』을 발표했다. 1872년에는 아일랜드의 작가 조지프 셰리든 르 파뉴(Joseph Sheridan Le Fanu)가 소설 『카르밀라 Carmilla)』를 영국에서 출간했다. 아일랜드 흡혈귀의 전승을 바탕으로 한 이 소설에서 표현된 '귀족적이며 관에서 잠자고 밤에 활동한다', '심장에 말뚝을 박으면 죽일 수 있다' 등의 특징은 후대 흡혈귀 소설에 계승되었다.

이에 영향을 받은 아일랜드 출신 작가 브램 스토커(Bram Stoker)가 1897년에 흡혈귀 소설의 걸작 『드라큘라』를 발표했다. 흔히 영어 'Dracula'를 '흡혈귀'로 번역하는데, 드라큘라는 소설의 주인공 이름이고, '흡혈귀'는 '뱀파이어'다. 드라큘라가 흡혈귀의 대명사가 될 정도로 이 소설의 파장이 커서 전 세계에 흡혈귀 열풍을 일으켰다.

루마니아의 독재자 차우세스쿠가
드라큘라의 모델 블라드 3세를 우상시한 까닭은?

브램 스토커의 『드라큘라』는 절묘한 장소와 주인공을 선정해 세계인의 사랑을 받는 클래식 소설의 반열에 올라섰다. 소설의 무대가 된 루마니아의 트란실바니아 지방은 당시 영국에서 미지의 세계, 말하자면 비경의 고장으로 독자에게 신비로운 이미지를 주었다.

그 이미지를 주인공 드라큘라 백작의 모델이 된 블라드 3세가 증폭시켰다. 15세기 루마니아에 해당하는 왈라키아 공국의 군주였던 블라드 3세는 용맹한 지배자로 알려져 있었다. 오스만 제국과의 전투에서는 적군 2만 명을 포로로 잡아 항문에서 입까지 긴 꼬챙이로 꿰어 처형한 뒤 성 밖에 전시했다고 한다. 잘못을 저지른 부하와 백성도 같은 방법으로 처형해 '블라드 체페슈(Vlad Țepeș)'라는 별명을 얻었다. 체페슈는 '꿰뚫는 자'라는 뜻이다.

블라드 3세의 또 다른 별명은 아버지의 이름에서 유래한 '드러쿨레아(Drăculea)'다. 헝가리 왕에게서 드라곤 기사단으로 임명된 아버지 블라드 2세의 별명이 '드러쿨(Drăcul, 용)'이었는데, 대를 이은 블라드 3세를 '용의 아들'이라는 의미에서 '드러쿨레아'라고 불렀다. '드러쿨'에는 '악마'라는 뜻도 있어 '드러쿨레아'를 '작은 악마 공작'이라고 해석하기도 한다. 블라드 3세는 스스로 '블라드 드러쿨레아'라고 칭하며 이 이름으로 서명을 남기기도 해 '작은 용 공작'이라고 해석해도 큰 문제는 없다. 물론 그를 두려워한 사람들은 악마와 동일시했을 가능성이 크다.

많은 사람에게 공포의 대상이 되었던 블라드 3세는 실제로 흡혈귀의 요소가 전혀 없는 인물이었다. 그는 마지막에 오스만 제국과의 전쟁에서 패해 목숨을 잃었다.

현재 루마니아의 트란실바니아 지방에 있는 블라드성은 '드라큘라성'으로 관광 명소가 되었으나, 그의 조부인 미르체아 1세의 거처였던 이 성에 블라드 3세는 아주 단기간 체재했을 뿐이다. 그러나 공산주의 정권 시대의 독재자 니콜라에 차우셰스쿠는 블라드 3세를 오스만 제국에서 조국을 지켜낸 영웅으로 우상시하며 그와 인연이 있는 블라드성을 관광지로 변모시켰다. 그리고 정부 주도의 적극적인 홍보 덕분에 영국을 비롯해 미스터리 애호가들이 즐겨 찾는 관광 명소로 탈바꿈했다. 참고로, 블라드성 기슭에 자리한 구시가지에 있는 블라드 3세의 생가는 현재 레스토랑 '블라드 드러쿨레아'로 재단장해 관광객을 맞이하고 있다.

브램 스토커의 소설이 출간된 후 소설을 원작으로 제작한 토드 브라우닝 감독의 영화 〈드라큘라〉(1931)가 '흡혈귀' 대중화의 일등 공신 역할을 했다. 주연인 흡혈귀 역에는 헝가리 출신 벨라 루고시를 발탁했다. 헝가리 억양의 영어를 구사하며 화려한 망토를 펄럭이는 드라큘라는 우리가 아는 흡혈귀 모습의 원형이 되었다. 참고로, 트란실바니아 지방은 제1차 세계대전이 일어나기 전까지 헝가리 영토였다. 헝가리 출신의 배우가 연기한 드라큘라 역은 사실과 허구를 절묘하게 결합한 예술적 장치였고, 이로 인해 드라큘라의 이미지가 대중의 뇌리에 강렬하게 각인되었다.

흡혈귀의 일곱 가지 특징

지금까지 흡혈귀가 어떻게 대중화되고 정착했는지 이야기했다. 우리의 상식과 달리 흡혈귀의 발상지는 루마니아가 아닌 세르비아다. 1725년, 세르비아의 키실레보 마을에서 일어난 괴이한 사건을 기록한 문헌에 유럽 최초로 '흡혈귀(뱀파이어)'라는 단어가 등장한다.

세르비아는 당시 지리적으로 합스부르크 제국(오스트리아)과 오스만 제국이라는 두 대국 사이에 끼여 있었고, 기독교 가톨릭, 동방 정교회, 이슬람교라는 세 종교의 경계선이기도 했다. 키실례보 마을은 현재 루마니아 국경과 가까운 스레브르노 예제로(Srebrno Jezero, '실버 레이크'라는 이름으로도 알려짐) 호수와 인접한 작은 마을로, 당시에는 오스트리아 영토였다.

1725년, 오스트리아 신문 《빈 일보》에 다음과 같은 기사가 게재되었다. 그리고 프로이센의 신문에도 같은 기사가 실렸다.

> 키실례보 마을의 페타르 블라고예비치라는 남성이 사망했다. 장례를 치르고 무덤에 매장한 후 이 마을에서는 10주 사이에 매주 한 사람씩 총 9명(8일 동안 총 9명이었다는 설도 있다)이 잇달아 숨을 거두었다. 나이는 제각각이었는데, 하나같이 병으로 쓰러져 24시간 이내에 사망했다. 사망자들은 숨을 거두며 "밤에 블라고예비치가 나타나 침대에 누워 있는 내 몸 위에 올라타서 목을 졸랐다"라고 말했다. 또 흡혈귀(블라고예비치를 말함)의 아내는 "죽은 남편이 나타나 신발이 필요하다고 해서 마을을 떠나기로 했다"라고 말했다.

아내가 마을을 떠나려 한 이유는 당시 흡혈귀는 가까운 사람, 즉 배우자와 자녀, 부모, 형제의 거처에 나타난다고 믿었기 때문이다. 그래서 가족 중 누군가가 흡혈귀가 되면 피해를 막기 위해 남은 가족은 집을 버리고 낯선 고장으로 도망치는 게 바람직한 것으로 여겨졌다. 본래 동유럽의 슬라브 지방에는 흡혈귀 전승이 있는데, 특히 오스만 제국이 지배하던 발칸반도 국가들(세르비아, 크로아티아, 루마니아, 그리스 등)에서는 생전에 악행을 저지른 사람이나 종교적인 죄를 범한 사람이 죽어서 흡혈귀가 되고, 피해자도 흡혈귀가 된다는 공통점을 발견할 수 있다.

최종적으로 아내와 마을 사람들의 고충이 받아들여져 세르비아 정교회 사제와 가톨릭 사제가 입회한 가운데 블라고예비치의 무덤을 다시 파냈다. 관을 열고 유해를 살펴봤더니 흡혈귀의 특징이라고 추정할 만한 여러 가지 조건이 모두 충족되었다.

1. 유해가 부패하는 냄새를 풍기지 않는다.
2. 코를 제외하고 몸 전체가 생전 그대로다.
3. 모발과 수염이 자라 있다.
4. 손톱과 발톱이 새로 자라 있다.
5. 피부가 벗겨져 있고, 그 아래에 새로운 피부가 돋아나 있다.
6. 얼굴, 팔, 다리 등이 살아 있는 사람처럼 멀쩡하다.
7. 입안에 신선하고 굳지 않은 피(아마 다른 사람에게서 빤 듯한)가 남아 있다.

이러한 조건들이 충족되면 흡혈귀를 봉인하는 의식이 거행된다. 심장에 말뚝을 박았더니 심장과 입, 귀에서 많은 양의 피가 뿜어져 나왔다. 마지막으로 불에 태워 재로 만들었다.

기사는 이렇게 끝맺었다.

키실레보 마을은 지금도 존재한다. 인구 550명가량의 작은 마을은 '흡혈귀의 본고장'이라는 사실을 적극적으로 홍보하며 관광 상품으로 개발하지 않아 조용한 시골 마을의 정취가 그대로 남아 있다. 2010년에 출간된 프랑스 소설가 프레드 바르가스(Fred Vargas)의 범죄 소설 『알 수 없는 곳(Un lieu incertain)』에 주인공이 사건 해결을 위해 키실레보 마을을 찾는 장면이 나온다. 마을에서는 뒤늦게나마 '흡혈귀'를 활용해 관광객을 불러모으기 위한 마을 활성화 계획을 진행 중이라고 한다.

메드베자 마을의 기묘한 흡혈귀 사건

'흡혈귀(뱀파이어)'라는 용어가 문헌에 최초로 등장한 것은 키실레보 마을의 괴사건이다. 『옥스퍼드 영어 사전』에 '뱀파이어(vampire)'라는 단어가 처음 실린 것은 1834년이다. 1732년에 보고된 세르비아 메드베자 마을의 흡혈귀 사건이 사전에 등재되어 있다.

1731년, 오스트리아가 지배하던 메드베자 마을에서 흡혈귀가 출몰한다는 보고가 올라와 세르비아 중부 담당 군의관 글라세 박사가 파견되었다. 글라세 박사는 마을 사람들의 연쇄 사망 원인을 감염병으로 판단했다. 당시 오스만 제국에서 페스트가 유행했고, 오스트리아로 전염되는 것을 방지하기 위해 간선도로에서 검역이 이루어졌기 때문이다. 또 메드베자 마을은 강을 사이에 두고 오스만 제국과 남쪽으로 이웃하고 있었다.

마을에 도착한 글라세 박사는 신속히 탐문 조사를 시작했다. 6개월 동안 17명의 남녀노소가 사망했다는 사실이 판명되었다. 그가 작성한 보고서에 "사망한 마을 사람은 체온과 폐 등에서 이상 증상이 발견되지 않았으나 짐승의 습격을 받은 듯한 격렬한 통증, 늑막염과 비슷한 증상을 호소해 흡혈귀의 습격을 받았다고 추정할 수 있다"라는 구절이 있었다.

역병이 아니라고 결론 내린 글라세 박사는 묘지를 발굴해 시신을 부검했다. 발굴한 10기 중에는 마을 사람들이 사건의 발단으로 지목한 여성 밀리자의 묘도 포함되었다. 사망한 지 7주가 넘게 지났음에도 그녀의 유해는 부패하지 않고 코와 입에서 선혈이 나왔다. 앞에서 소개한 흡혈귀의 조건과 일치한다. 참고로, 그녀는 생전에 "튀르키예 영토에 거주하던 무렵 흡혈귀에게 사냥당한 양고기를 먹은 적이 있다"라고 이야기했다.

글라세 박사의 보고서는 합스부르크 제국의 황제 카를 6세를 움직였다. 1731년, 세르비아 전역을 담당하는 의사 요한 프리드리히 바움가르텐 박사는 황제의 명을 받아 다른 의사 및 장교와 함께 현지에 파견되었다. 초동 수사에 나섰던 글라세 박사도 동행했다.

다섯 명의 조사단 일행은 탐문 조사를 마친 날 오후 마을 촌장의 안내로 묘지를 방문했다. 이때도 묘지를 발굴해 사후 부검을 시행했다. 당시 온 유럽에 파장을 일으킨 보고서 일부를 소개한다.

밀리자(Miliza, 세르비아식 이름 Milica, 여성, 50세): 약 90일 전 사망. 3개월 동안 와병 생활 끝에 사망. 흉곽에 다량의 출혈 흔적 소견. 다른 내장은 건강한 상태. 부검에 입회한 마을 사람들은 시신이 포동포동하고 완전한 상태라서 경악했다. 젊은 시절부터 그녀를 알던 마을 사람은 "생전에 마른 편이었다. 매장된 후 흡혈귀가 사냥한 양고기를 먹고 살이 오른 것 같다"라고 말했다.

스타노(Stanno, 세르비아식 이름 Stana, 여성, 20세): 2개월 전 사망. 출산 후 사흘 동안 앓다가 사망. 생전에 본인이 흡혈귀의 피를 몸에 바른 적이 있다고 이야기했다. 출산하고 얼마 지나지 않아 죽은 신생아를 매장했으나 들개가 절반가량 먹어버렸다. 스타노와 아기는 흡혈귀가 되었을 가능성이 높다. 그녀의 시신은 거의 부패하지 않았고, 복장뼈에 혈관 외 대량 출혈 소견. 위벽 동맥 내, 정맥 내 출혈은 응고하지 않았다. 폐, 간, 위 등의 장기는 건강한 사람과 다를 바 없었다. 팔다리의 피부와 손발톱이 벗겨지고 손발톱과 피부가 새로

돋아나 있었다.

스타니코(Staniko, 세르비아식 이름 Stanjko, 남성 60세): 6주 전 사망. 다른 사례와 마찬가지로 흉곽과 위에 대량의 선혈이 있었다. 몸 전체에서 흡혈귀 증상이 관찰되었다.

보고서에 따르면, 17구의 시신 중 12구가 흡혈귀로 변해 있었다. 그리고 아르나우트 파블레(Arnaut Pavle, 영어식 표기 Arnold Paole)가 일련의 흡혈귀 사건의 시작이라고 결론지었다. 보고서를 통해 사건의 개요를 살펴보자.

아르나우트 파블레는 건초를 나르는 짐마차에서 떨어져 목뼈 골절로 사망했다. 장례를 치르고 매장한 뒤 20일에서 30일 정도 지났을 때 죽었던 파블레에게 해코지당했다는 마을 사람이 나타났다. 그리고 네 명이 살해당했다. 마을 촌장의 주도로 그의 묘를 발굴했다. 그러나 사망한 지 40일이 지났는데도 시신이 부패하지 않고 눈, 귀, 코, 입에서 선혈이 흘러나왔다. 또 손발톱이 벗겨지고 새로운 손발톱이 돋아나고 있었다. 이 사실로 그를 흡혈귀라 판정하고 심장에 말뚝을 박자 시신이 신음하더니 피가 콸콸 쏟아져 나왔다. 묘를 발굴한 당일 화장해서 재를 무덤에 안치했다. 희생된 다른 네 사람도 마찬가지 방법으로 조치했다.

아르나우트 파블레는 1727년 무렵 국경 경비병으로 메드베자 마을에 부임해 그 마을에서 결혼했다. 마을 사람들에 따르면, 그는 생전에 "세르비아의 오스만 제국령 마을에서 흡혈귀에게 습격받은 적이 있다", "내가 흡혈귀가 되지 않도록 흡혈귀 무덤의 흙을 먹고 흡혈귀의 피를 몸에 발랐다"라고 이야기했다. 흙을 먹거나 피를 바르는 것은 흡혈귀가 되지 않도록 막아준다는 민간 처방으로, 당시 누구나 알고 있었다.

이렇게 1732년에 작성된 보고서는 같은 해 영국의 잡지 《런던 저널(London Journal)》과 프랑스의 잡지 《르 글라뇌르(Le Glaneur)》에 실리며 엄청난 반향을 일으켰고, 작가와 예술가에게 강렬한 영감을 불러일으켜 수많은 작품이 탄생하는 밑거름이 되었다.

흡혈귀가 된 망자의 심장에 말뚝을 박는 이유는?

2019년, 나는 흡혈귀 사건의 현장을 눈으로 확인하기 위해 메드베자 마을로 차를 몰았다. 세르비아의 수도 베오그라드에서 200킬로미터 정도 남쪽으로 내려가 포야테라는 작은 마을에서 고속도로를 벗어난 뒤 국도를 50분가량 달려 트르스테니크까지 갔다. 메드베자 마을이 코앞이었다. 지방 도로에서 한 남성이 미소를 지으며 손을 흔들었다. 세르비아 흡혈귀 연구의 일인자인

이반 네시치였다. 초등학교 역사 교사인 네시치는 메드베자 마을에 살고 있었다.

마을 안 멋들어진 카페에서 자기소개를 마치자, 그는 가방에서 자못 소중한 것인 듯 자료를 꺼내 탁자 위에 펼쳤다. 메드베자 마을의 흡혈귀 사건을 조사한 보고서 사본이었다. 모두 18세기 전반의 자료로, 라틴어로 작성되어 있었다. 네시치가 손가락으로 가리킨 곳에 '뱀파이어'라는 글자가 있었다.

이윽고 트르스테니크의 문화 센터에서 근무하는 동료 연구가 다닐로 부코비치가 가담해 메드베자 마을 묘지를 안내해주었다. 트르스테니크는 고층 아파트가 숲을 이룬 근대적인 도시로, 메드베자 마을과 경계 부근을 흐르는 서(西)모라바강을 건너자 갑자기 길이 좁아지며 인가도 드물었다. 이윽고 당도한 마을은 19세기를 연상시키는 모습이었다.

언덕 중턱에서 차를 세운 뒤 내려 발치를 조심하며 묘지에 발을 들였다. 검은 대리석과 화강암에 망자의 사진을 박아 넣은 묘석이 눈에 띄었다. 초상화를 새긴 묘비도 있었다. 시신을 화장하지 않고 입관해서 그대로 흙 속에 매장한 것이었다. 묘지에는 십자가형 묘석 등 1800년대의 오래된 묘지가 남아 있었는데, 모두가 흡혈귀 묘인지는 알 수 없다고 했다.

네시치와 부코비치는 한차례 안내를 마친 뒤 흡혈귀와 세르비아의 풍습에 관해 이야기해주었다.

세르비아에는 "마을이 100개 있으면 100가지 풍습이 존재한다"라는 속담이 있을 정도로, 고장에 따라 풍습과 관습이 제각각이다. 그런데 매장하기 전에 시신에 바늘을 꽂는 풍습은 세르비아에서 널리 행해지는 공통적인 풍습이라고 한다. 고인이 흡혈귀가 되지 않도록 액막이하는 과정이다. 5년 전에 네시치의 할머니가 돌아가셨을 때도 목에 바늘을 꽂았다고 이야기해주었다.

고인 옆에서 하룻밤 자는 풍습도 있었다. 아시아 문화권에서 옛날에 염습하고 수의를 입힌 고인을 모시고 3일 혹은 5일간 함께 지내다가 입관하고 상을 치르는 문화가 있었는데, 이와 비슷하다. 세르비아에서는 또 촛불이 꺼지거나 동물이 시신을 타고 넘으면 고인이 흡혈귀가 된다는 구전이 있어 밤에도 불경한 일이 일어나지 않도록 뜬눈으로 지켜보았다고 한다.

또 사후 40일이 지나면 흡혈귀가 되지 않는다고 믿었다. 불교 의례로 사람이 죽은 지 49일째에 치르는 사십구재와 비슷하다. 거창한 의식은 거행하지 않고 사후 40일 무렵 토요일에 가까운 친척과 지인이 모여 고인을 기리며 추모식을 여는 정도였다.

흡혈귀가 된 망자의 경우에는 심장 부근의 관 위에 말뚝을 받는다. 흡혈귀를 죽이기 위해서가 아니라 나무로 만든 널 바닥에 흡혈귀의 몸을 고정해 밤에 배회하지 못하게 하기 위해서다. 옛날부터 가시가 있는 산사나무를 액막이로 사용해 "말뚝을 산사나무로 만드나요?"라고 물으니, 특별히 나무의 재질을 가리지는 않는다고 했다. 또 흡혈귀의 몸통에서 다리를 절단하는 이유는 부활한 뒤 돌아다니지 못하게 하기 위해서라고 했다.

흡혈귀가 마늘을 싫어한다는 사실은 잘 알려져 있는데, 세르비아를 포함한 발칸반도에서는 흡혈귀뿐 아니라 사악한 기운이 집으로 들어오지 못하도록 향기가 강한 마늘을 사용한다. 그러고 보니 이동 중에 집집마다 처마 밑에 걸어둔 마늘 첩이 보였다. 잘 말려서 보존성도 높이고 액막이 부적의 의미도 있어 걸어두는 것이었다.

흡혈귀는 드라큘라와 어떻게 다를까?

그렇다면 세르비아의 흡혈귀와 브램 스토커의 소설, 할리우드 영화로 공개된 드라큘라는 각각 어떻게 다를까? 네시치와 부코비치의 말에 따르면, 일단 세르비아에서는 흡혈귀를 남성으로 여기고 여성은 '마녀'로 취급한다. 흡혈귀의 체형은 날렵한 근육질에 털이 많고, 지저분하고 부스스하게 수염을 기르고 있다. 할리우드 영화에서 볼 수 있는 '귀족적인 용모'와는 상당히 차이가 난다. 또 뼈가 없이 풍선 같은 구조라서 예리한 물체로 찌르면 바람 빠진 풍선처럼 쪼그라든다. 무엇보다 이가 없어 희생자의 목에 물린 자국이 없다.

세르비아의 흡혈귀는 할리우드 좀비 영화나 마이클 잭슨의 〈스릴러(Thriller)〉 뮤직비디오에 나오는 좀비와 비슷한 느낌이다. 남편이 흡혈귀가 되면 아내는 마을을 떠나기 위해 짐을 꾸린다. 흡혈귀는 가까운 사람을 찾아갈 뿐 아니라 밤마실을 나가 정을 통하는 경우가 있기 때문이라고 했다. 흡혈귀와 동침해서 태어난 아이는 뼈가 없고 흡혈귀가 되거나 흡혈귀 퇴치자가 된다고 했다. 흡혈귀 퇴치자로 태어난 아이는 누가 흡혈귀인지 판별하는 능력을 지녀 묘지에서 어떤 묘에 흡혈귀가 잠들어 있는지 알 수 있는 모양이었다.

네시치는 자기 마을에서 일어난 흡혈귀 사건을 우연한 기회에 알게 되었다. 어느 날 한 남자가 비디오카메라를 들고 마을을 촬영하고 있어 그 이유를 물었더니, 자신은 독일에서 온 언론인인데 '흡혈귀 마을'을 취재하러 왔다고 설명했다. 이때 처음으로 메드베자 마을이 '흡혈귀의 본고장'이라는 사실을 알게 되었고, 이후 세르비아 전국에서 전승과 자료를 수집해 흡혈귀 연구에 몰두했다.

"실은 부탁이 하나 있습니다만……."

이야기가 거의 끝나갈 무렵 네시치가 망설이면서 운을 뗐다. 트르스테니크 지방 방송국의 프로그램에 출연해 흡혈귀에 관한 이야기를 들려달라는 부탁이었다. 흡혈귀의 본고장에 살면서도 대부분 그 사실을 모르고, 자신을 괴짜 취급하기 일쑤라서 외국인의 입으로 객관적인 사실을 전달해달라는 이야기였다. 이야기를 마치자마자 부랴부랴 방송국으로 향해 이 마을이 흡혈귀의 본고장이며 앞으로 점점 더 세계적으로 집중 조명을 받을 거라고 이야기했다.

방송국을 나온 우리는 묘지에서 20분 정도 걸어 언덕에 올랐다. 예전에는 이 일대에 국경 경비대가 배치되어 있었다. 흡혈귀가 된 아르나우트 파블레가 이곳에 서서 강 너머 오스만 제국을 감시했을 수도 있다고 생각하니 감개무량했다.

지금은 서모라바강을 따라 마을이 펼쳐져 있는데, 당시 국경 지역은 언제 어디서 전투가 벌어져도 이상하지 않은 상황이라서 강가에 인가나 마을을 만들지 않았다고 한다. 그렇다면 18세기 메드베자 마을은 이 언덕 저편에 있었을 수도 있다. 네시치는 그 방향을 손으로 가리키며 "저쪽에 보이는 언덕 이름이 밤필랴(Vampilija, 흡혈귀 구역)라고 합니다"라고 알려주었다. 저곳에 흡혈귀가 살았거나 묘지가 있었다고 믿었기에 붙인 이름이 아닐까 짐작되었다.

전설의 흡혈귀, 사바 사바노비치의 정체

2012년 세르비아의 신문 《텔레그라프》(11월 27일 자)에 'Vampir

(밤피르, 흡혈귀)'라는 글자가 대서특필되었다. 신문에서는 이렇게 보도했다.

> 전설의 흡혈귀 사바 사바노비치(Sava Savanović)는 자로제 마을 토박이로, 물레방앗간이 망가져 거처를 찾아 배회하게 되었다. 바이나 바슈타 지역 당국은 엄중한 경계를 촉구했다. 이 지역에서는 흡혈귀에 대비하기 위해 마늘과 나무 십자가가 날개 돋친 듯 팔려나갔다.

세르비아에서는 메드베자 마을 흡혈귀 괴사건보다 사바 사바노비치의 인지도가 압도적으로 높다. 흡혈귀라고 하면 우선 사바 사바노비치를 떠올린다. 그림을 보면 장신이 많은 세르비아인치고 아담한 체구와 흑발에 매부리코가 눈에 들어온다.

네시치에 따르면, 흡혈귀 사바 사바노비치는 약 140년 전 세르비아의 니콜라이 고골로 일컬어지는 소설가 밀로반 글리시치(Milovan Glišić)가 소설 『나비』에서 만든 가공의 존재라고 한다. 소설이 발표되고 세월이 지나면서 가공의 인물이던 사바 사바노비치가 실존하는 흡혈귀로 둔갑해 세르비아인의 뇌리에 정착되었다.

이 소설은 1973년에 조르제 카디예비치 감독이 유고슬라비아 최초 TV 공포영화 〈암나비(Leptirica)〉(영어 제목 The She-Butterfly)로 제작되었다(당시 세르비아는 유고슬라비아 연방의 공화국 중 하나였다).

이 이야기는 19세기 한적한 시골 풍경을 무대로, 마을의 젊은 청년과 아가씨의 결혼식이 여유롭게 펼쳐진다. 마을 사람들이 두려워하는 흡혈귀 사바 사바노비치는 보금자리로 삼은 물레방앗간을 나온 뒤 모습을 보이지 않는다. 양치기 소녀가 흡혈귀로 변하는 것은 실제로 일어난 흡혈귀 사건을 바탕으로 했는데, 흡혈귀가 나비로 변신하는 장면은 이 고장의 전승을 반영했다.

이처럼 흡혈귀의 발상지인 세르비아에서는 흡혈귀가 할리우드 영화나 소설과 달리 소박하고 흙냄새를 풍긴다. 그래서 더욱 으스스하다. 사바 사바노비치가 사는 물레방앗간은 영화에서 로가치차강의 '야고디차 보데니차(Jagodića vodenica, 야고디차의 물레방아)'로 설정되어 있는데, 지금도 실제로 존재한다.

⑬

유대교의 인조인간
골렘

유대교의 종교 지도자만 골렘을 만들 수 있다고?

유대교 전승에 나오는 움직이는 진흙 인형 골렘(golem)은 주인의 명령을 충실히 수행한다고 알려져 있다. 쉽게 말해, 인조인간이다. 히브리어로는 '형태가 없는 것', '미완성의 존재'를 뜻하며, 유대교 경전에서는 '태아'를 가리킨다. 골렘의 크기에 관해서는 여러 이야기가 있는데, 몇 미터에 이르는 거구라는 설이 일반적이다. 유대교의 종교 지도자인 랍비만 만들 수 있다고 알려져 있다.

이 골렘을 실제로 만들었다고 전해지는 인물은 '랍비 로에프'로 알려진 랍비 유다 로에프 벤 베자렐(Judah Loew ven Bezalel, 1525~1609)이다. 그는 폴란드의 포즈난에서 태어났다. '벤 베자

렐'이란 '베자렐의 아들'이란 뜻으로, 아버지와 이름이 같았다. 그의 가문에는 유대교와 인연이 깊은 인물이 많았다. 숙부는 신성 로마 제국의 랍비였고, 형제 중에는 유대교 경전 『탈무드』를 연구하는 학자도 있었다.

로에프는 모라비아 지방(현재 체코의 동부 지방)의 수석 랍비를 지낸 후 프라하에서 랍비가 되었다. 1592년 2월 23일, 로에프가 신성 로마 제국의 황제 루돌프 2세 앞에서 카발라(유대교 신비주의)를 강의했다는 기록이 남아 있다.

루돌프 2세 황제는 제7화 「650명의 처녀를 산 제물로 바친 광기의 백작 부인」에 등장하는데, 정치에 무관심하고 예술을 사랑해 예술가를 적극적으로 후원했을 뿐 아니라 점성술과 연금술에도 관심이 많았다.

루돌프 2세의 거처인 프라하성 일대에는 '황금 소로'라는 골목이 있는데, 당시 연금술사가 많이 사는 지역이라서 이런 이름이 붙었다고 한다. 연금술이란 구리·납·주석 따위의 비금속으로 금·은 등의 귀금속을 만들고, 나아가 늙지 않는 영약(靈藥)을 제조하려던 원시적인 화학 기술이다.

프라하성 주변은 지금도 당시 분위기가 짙게 남아 있고 블타바강 위에 놓인 카렐교에서 프라하성을 바라보면 중세로 시간 여행을 떠난 듯한 착각에 빠져든다. 그대로 구시가지를 걸어 종교개혁의 선구자였던 얀 후스 동상이 서 있는 광장으로 향한다. 광장

뒤편은 예전에 게토(ghetto, 유대인 지정 거주지구)였던 요세포프 입구에 해당한다.

일대에는 마이셀 시나고그, 클라우스 시나고그, 스페인 시나고그 등 유대교 회당이 많다. 유대인에게 시나고그는 성스러운 장소일 뿐 아니라 생활의 중심이며 교육의 장이다.

이번 이야기의 무대가 되는 신구 시나고그(Staronová synagoga, 300쪽 사진)도 이 지역에 있다. 1270년에 건립되어 유럽에서 가장 오래된 시나고그는 본래 '신(新) 시나고그'라고 불렸는데, 나중에 새로운 시나고그가 생기자 '구(舊)'를 더해 '신구 시나고그'가 되었다.

내부로 들어가면 중앙에 멋진 설교대가 있고 안쪽에 다윗의 별을 수놓은 푸른 천으로 덮은 랍비 로에프의 의자가 소중하게 놓여 있다. 그가 세상을 떠난 후 이 의자에 앉은 사람이 없을 정도로 유대인의 존경을 한 몸에 받고 있다.

랍비 로에프의 마술로 아브라함, 이삭,
야곱을 만났으나 절체절명의 위기에 빠진 루돌프 2세

루돌프 2세는 유대인 차별을 철폐하고 유대인 상인을 우대하는 정책을 폈다. 그런데 갑자기 돌변해 프라하에서 유대인 추

후기 고딕 양식의 양박공 지붕이 특징인 신구 시나고그

방 결정을 내렸다.

이 소식을 들은 랍비 로에프는 황제에게 직언하기로 결심했다. 황제가 마차를 타고 다리를 건너려던 순간 랍비 로에프는 그 앞을 가로막고 섰다. 호위병들이 그를 밀어내려 했으나 꼼짝도 하지 않고 버텼다. 화가 난 호위병들은 돌과 흙덩이를 마구 던졌다. 그러나 돌과 흙이 공중에서 빗발치는데도 랍비는 그 자리에 못 박힌 듯 서서 꼼짝하지 않았다. 랍비 로에프가 황제의 마차 앞에 무릎을 꿇고 간청하자 황제는 마침내 유대인 추방령을 거둬들였다.

랍비 로에프의 마술에 매료된 루돌프 2세는 그를 성으로 초대해 『구약성서』에 등장하는 아브라함과 이삭, 야곱을 만나게 해달라고 부탁했다. 황제의 청을 물리칠 수 없었던 로에프는 한 가지 조건을 걸고 승낙했다. 그가 내건 조건은 성령이 임하신 동안에는 절대 웃지 말라는 것이었다. 황제는 이에 동의했다.

이윽고 로에프의 마술로 암흑 속에서 아브라함과 이삭, 야곱이 차례차례 나타났다. 황제는 숨을 멈추고 바라보았다. 그런데 야곱의 두 자식이 숨을 헐떡이며 달려오는 모습에 웃음이 터지고 말았다. 그 순간, 성이 거세게 진동하더니 천장이 내려앉았다. 황제를 비롯해 그 자리에 있던 사람들은 로에프에게 도움을 요청했다. 로에프가 다시 주문을 외우자 진동이 멈추고 조용해졌다.

랍비 로에프가 만든 골렘은 어떤 형상이었을까?

랍비 로에프가 실제로 골렘을 만들었다면 골렘은 어떤 모습이었을까? 전승되는 이야기를 잠시 살펴보자.

당시 프라하에서는 매일 밤 게토에 시신을 던져 넣는 사건이 발생했다. 누군가가 유대인을 함정에 빠뜨리기 위해 꾸민 흉계가 분명했다. 사태가 심각하다고 판단한 로에프가 여호와에게 기도를 드렸더니 골렘을 만들라는 응답이 왔다.

새벽 4시경, 로에프는 사위와 제자를 데리고 블타바강으로 나갔다. 세 사람은 흰옷을 걸치고 목욕재계를 한 뒤 강의 진흙을 모아 사람의 형상을 빚었다. 팔다리와 얼굴 세부 사항까지 공들여 인간과 닮은 모습으로 만들었다. 키가 3엘레(1엘레는 약 1.14미터)나 되었다. 그리고 입에 부적을 넣었다.

골렘을 제조하려면 흙, 물, 불, 바람의 4대 원소가 꼭 필요하고, 물, 불, 바람의 비술을 부려야 한다. 세 사람은 반듯하게 하늘을 보고 누운 인형의 발치에 서서 랍비와 불의 비술을 전수한 사위가 주문을 외우며 시계 방향으로 걸었다. 한 바퀴 돌자 진흙이 마르고, 두 바퀴 돌자 싸늘하던 진흙에 온기가 감돌았으며, 일곱 바퀴 돌자 진흙 인형이 하얀빛을 내뿜었다.

이어서 물의 비술을 전수한 제자가 한 바퀴 돌자 인형에서 빛이 사라지고, 세 바퀴 돌자 촉촉하게 습기를 머금고 양기가 피어올랐다. 잠시 후 손톱이 돋아나고 머리카락이 자라더니 피부에 윤기가 돌았다. 마지막으로 바람을 체현한 로에프가 일곱 바퀴 돌고 난 뒤 세 사람은 "여호와 하느님께서 진흙으로 사람을 빚어 만드시고 코에 입김을 불어넣으시니, 사람이 되어 숨을 쉬었다" 라고 제창했다. 『구약성서』「창세기」의 한 구절이다.

그러자 인형이 두 눈을 번쩍 뜨고 똑바로 일어섰다. 로에프가 옷을 입히고 '요셉'이라는 이름을 지어준 뒤 집으로 데려왔다. 골렘은 말을 듣고 이해할 수는 있어도 말을 할 수는 없었다. 지시를 내리면 가끔 실수도 했으나 장작 패기와 청소, 시나고그 종 치기, 집 보기 등의 심부름과 허드렛일을 제법 잘 해냈다.

어느 날 게토에 일하러 온 여성(기독교 신자)의 소식이 끊겼다. 게토의 유대인 중에서 유대교 의식에 산 제물로 바치기 위해 여성이 살해당했다고 증언하는 사람이 나타났다. 로에프는 그 소문이 거짓임을 증명하기 위해 골렘에게 여성을 찾아오라고 명령했다. 골렘은 며칠 간 돌아다닌 끝에 여성을 찾아냈다.

그 후로 기독교 신자와 유대교 신자가 사이좋게 어울려 살았다. 이제 골렘이 사명을 완수했다고 느낀 로에프는 골렘을 잠재우기로 했다. 세 사람은 주문을 거꾸로 외우고 입에서 부적을 끄집어냈다. 그런 뒤 만들 때와 반대 순서로 돌고, 시계 반대 방향으로 세 사람이 일곱 바퀴 돌자 골렘이 흙의 영혼으로 돌아갔다.

이 전승을 토대로 독일의 카를 뵈제 감독이 1920년에 영화 〈골렘〉을 제작했다.

골렘을 만드는 방법

골렘을 만드는 방법은 연금술의 하나다. 이를 '언어 연금술'이라고 일컫는다. 카발리스트(cabaliste, 유대교 신비주의자)는 글자와 숫자에 각각 힘이 깃들어 있고, 그 힘을 조합해 신과 마찬가지로 창조의 힘을 얻을 수 있다고 믿는다. 즉, 언어로 생명을 창조한다는 사고방식이다. 랍비 중에는 골렘을 만든 로에프처럼 인간을 만든 능력자도 있다고 한다.

구체적인 제작법은 랍비 아키바(Akiva)가 120년경에 집대성했다는 카발라의 기본 경전 『세페르 예치라(Sepher Yetzirah, 창조의 서)』에 자세히 기록되어 있다. 이 책에 따르면, 산에서 갓 캐낸 흙을 빚어 신체 부위마다 다른 주문을 외우며 인간의 형상을 만들고, 주위를 시계 방향으로 돈다. 이때 도는 방향을 착각하면 흙으로 돌아간다.

그러나 17세기 독일의 민속학자 크리스토프 아르놀트(Christoph Arnold)가 기록한 문서가 널리 알려져 있다. 아르놀트에 따르면, 카발리스트가 주문을 외우고 며칠 동안 단식에 들어가 흙으로 인형을 빚는다. 그때 인형의 이마에 '진리'를 뜻하는 히브리어 'תמא(emeth)'를 적은 양피지 부적을 붙인다(혹은 입에 넣는다). 참고로, 'תמא'에서 'א(e)'를 떼면 '죽음'을 뜻하는 'תמ(meth)'가 되고, 이를 골렘의 이마에 붙이거나 입에 넣으면 움직이지 않는다. 또 인형의 몸에는 '신의 이름'을 뜻하는 히브리어 'שרופמה(Shem HaMephorash)'를 새겨야 한다.

이 '셈 하메포라시'는 『구약성서』「출애굽기」와 깊은 관련이 있다. 「출애굽기」는 예언자 모세가 노예가 된 이스라엘 민족을 이끌고 이집트에서 탈출하는 총 40장의 이야기다. 여기서 가장 잘 알려진 제14장 19절을 오른쪽에서 왼쪽으로 적고, 그 아래에 20절을 왼쪽에서 오른쪽으로 적고, 그 아래에 21절을 오른쪽에서 왼쪽으로 적는다. 그리고 이를 세로로 읽으면 'AKA(긴 고난)', 'HZI(자비로우신)', 'IZL(환희)', 'PHL(해방)' 등 알파벳 세 글자 단어가 된다. 또 맨 뒤에 'al', 'yh', 'el' 등의 신격을 부여하면 천사의 이름이 완성된다. 골렘의 몸에 이처럼 72개의 단어를 적어 넣는다.

참고로, 이 중에서 제14장 21절의 "모세가 팔을 바다로 뻗치자, 여호와께서는 밤새도록 거센 바람을 일으켜 바닷물을 뒤로 밀어붙여 바다를 말리셨다"라는 내용이 세실 데밀 감독의 영화 〈십계(The Ten Commandments)〉(1956)로 유명해진, 바다가 두 갈래로 갈라지는 이른바 '홍해의 기적' 장면이다.

『구약성서』에 나오는 최초의 인간 아담이 바로 골렘이라고?

그리스 신화에 골렘의 기원을 가늠할 수 있는 청동 괴물 '탈로스(Talos)'가 등장한다. 탈로스란 크레타섬 말로 '태양'이라는 뜻이다. 탈로스는 크레타섬을 수호하고, 외적이 접근하지 못하도록 방비하는 임무를 맡았다. 해적선이 섬에 다가오면 바위를 던져 파괴하고, 적이 섬에 상륙하면 벌겋게 달궈진 몸으로 끌어안아 태워 죽였다. 하루에 섬을 세 바퀴 돌며 감시했다고 한다.

누가 어떤 목적으로 만들었는지에 대해서는 두 가지 설이 있다. 첫 번째는 전지전능한 신 제우스가 사랑하는 에우로페를 크레타섬에 남겨두고 떠날 때 대장장이의 신 헤파이스토스에게 명해 만들게 했다는 설이다. 두 번째는 목수이자 발명가였던 다이달로스가 톱을 발명한 조카 탈로스를 시기해서 살해했는데, 죄책감을 느껴 조카를 추모하며 만들었다는 설이다.

그리스 신화를 영화로 만든 돈 채피 감독의 〈아르고 황금 대탐험(Jason and the Argonauts)〉(1963)에도 탈로스가 등장한다. 영화 줄거리를 간단히 소개하면, 보급을 위해 크레타섬에 기항하려던 이아손 왕자가 이끄는 아르곤호가 탈로스의 공격을 받아 상륙할 수 없었다. 그러나 탈로스에게도 약점이 있었다. 발뒤꿈치에 박힌 청동 못을 뽑으면 온몸의 피가 흘러나오는 구조였다. 이아손 왕자의 아내 메디아가 마술을 부려 탈로스를 잠재우고 못을 뽑아 쓰러뜨리는 데 성공했다.

골렘의 기원은 그리스 신화 외에 다른 자료에서도 찾을 수 있다. 『구약성서』에 나오는 최초의 인간 아담이 바로 골렘이라고 주장하는 사람도 있다.

「창세기」에 나오는 아담과 이브의 이야기는 매우 잘 알려져 있다. 에덴동산에 살던 아담은 여호와께서 "선과 악을 알게 하는 나무 열매만은 따먹지 마라"라고 하는 말을 들었다. 그런데 이브는 뱀(악마)의 꾐에 넘어가 열매를 따먹고 아담에게도 권했다. 마침내 두 사람은 수치심이 싹텄고 무화과 잎사귀로 치부를 가리려 애썼다. 약속을 어긴 두 사람은 신이 만든 낙원에서 추방당했다.

『구약성서』는 유대인에게 유일한 성전이다. 그중에서 모세가 썼다고 알려진 처음 다섯 편 '모세오경'을 〈토라〉라고 일컫는다. 〈토라〉가 세속 국가에서 법의 기본이 되는 '육법전서'라면 판례집에 해당하는 책이 『탈무드』다.

『탈무드』에 아담이 만들어진 뒤 낙원에서 추방될 때까지의 과정을 시간대별로 설명한 구절이 있다. 1시간째에 눈물을 모았고, 2시간째에 영혼이 되었고, 3시간째에 팔다리가 자라기 시작했다. 4시간째에 신의 숨결(영혼)을 불어넣었고, 5시간째에 만든 인물이 아담이었다. 듣고 보니 골렘을 만드는 법과 흡사하다.

참고로, 6시간째에 신에게 명받아 모든 생물에게 이름을 붙였다. 7시간째에 이브가 아내가 되었고, 8시간째에 두 사람이 한 이불에 들었다가 나갔다. 9시간째에 신이 선과 악을 알게 하는 나무 열매를 따먹지 말라고 일렀고, 10시간째에 약속을 깼으며, 11시간째에 신의 심판이 내려졌다. 그리고 12시간째에 낙원에서 추방되었다.

여기서는 신의 약속을 깨기 전 아담이 '신의 형상을 본뜬 모습', '신과 닮은꼴', '천계의 인간', '신의 몸'이라고 부르는 인간의 원형으로, 머리가 하늘에 닿을 정도의 거인으로 묘사된다. 이 이상적인 인간상을 카발라에서는 '아담 카드몬(Adam Kadmon)'이라고 부른다.

골렘의 커다란 덩치는 여기서 왔다. 즉, 골렘을 만들려는 카발리스트의 시도는 인류를 창조한 신을 본뜬 행위라는 논리다.

이상적인 인간의 모습으로 탈바꿈하기 전의 골렘, 호문쿨루스

16~17세기 의학계에서는 인간의 정자 속에 작은 인간이 들어있고, 그 작은 인간을 '호문쿨루스(Homunculus)'라고 불렀다. 호문쿨루스는 히브리어로 '골렘'을 의미하고, 라틴어로는 '소인(小人)'을 뜻한다. 그리고 중세 유럽에서는 연금술사가 만드는 작은

인조인간 혹은 그 기술을 '호문쿨루스'라고 칭했다.

16세기 의사이자 연금술사였던 파라셀수스(Paracelsus)는 호문쿨루스 제조에 성공했다고 발표하며 저서 『사물의 본성에 관하여(De natura rerum)』에서 그 방법을 공개했다. 우선 남성의 정액에 몇 종류의 허브와 비약을 더하고 증류기에 밀봉한다. 나흘가량 두면 부패한 액체 속에서 투명한 물질이 생기는데, 이 물질에 인간의 혈액을 매일 섞고, 말의 어미의 배 속과 같은 온도로 40주 동안 보온하면 작은 인간이 탄생한다고 주장했다.

그러나 기독교 세계에서는 이 기술을 창조의 신 여호와의 영역에 인간이 감히 발을 들이는 불경한 행위로 간주했다. 현대 클론 기술에 거론되는 윤리적 문제가 이 시기에도 제기된 셈이다.

호문쿨루스에 관해 기록한 요하네스 발렌티누스 안드레아(Johannes Valentinus Andreae)의 소설 『화학적 결혼식: 1459년 크리스티안 로젠크로이츠(Chymische Hochzeit: Christiani Rosencreütz anno 1459)』를 살펴보자. 이 책은 1616년에 출간되었다. 주인공 크리스티안 로젠크로이츠는 실존 인물로 '장미십자회' 창립자로 알려져 있다. 장미십자회는 독일에서 결성된 신비주의 비밀결사로, '전 세계의 보편적이고 총체적인 개혁' 등의 문서를 공표해 당시 화제가 되었다.

소설은 천지창조 7일 동안을 모방한 장 구성으로, 부활절 전날 밤, 천사에게 왕의 결혼식 초대장을 받은 여든한 살의 주인공 크리스티안 로젠크로이츠가 성에 가는 장면으로 시작된다. 초대받은 하객들은 영혼의 무게를 잰다. 구체적으로는 홀에 놓인 천칭으로 '신앙', '자비', '융화', '순결', '인내', '겸손', '절제'를 측정한다.

대다수 하객이 심사를 통과하지 못하고 죄인이 되어 연행된다. 주인공은 합격해서 그리핀(독수리의 머리와 날개, 사자의 몸통을 지닌 전설 속 생물)이 그려진 황금 양털(그리스 신화 '이아손과 황금 양털'에 등장하는 바로 그 양털)을 하사받는다. 참고로, 황금 양털은 연금술의 달인을 상징한다.

영혼의 무게를 측정해 합격한 사람들은 배를 타고 네모난 섬에 있는 올림포스 탑으로 안내받았다. 그곳에서는 여섯 왕족의 시신을 재료로 연금술사가 호문쿨루스를 만들었다. 탑 1층에서 위층으로 올라가면서 순서대로 연금술 작업이 진행되었다.

마지막 공정이 진행되는 7층에서는 시신을 녹인 액체를 굳혀서 만든 알이 부화하고, 성장한 피닉스(불사조)가 불에 타 재가 된다. 이 재에 물을 붓고 끓여 걸쭉하게 만들어 거푸집에 넣어 식히자 투명한 남자아이와 여자아이가 만들어진다. 두 아이는 순식간에 성장하는데 의식이 없다. 마지막으로, 천장에서 한 줄기 빛이 몸을 관통하면 두 아이는 동시에 눈을 뜬다. 두 아이의 몸이 호문쿨루스로, 새로운 시대를 여는 젊은 왕과 왕비다.

이렇게 장미십자회는 금보다 인간을 만드는 일을 중시했다.

신이 창조한 우주의 비밀을 해명하고, 도덕적이고 정신적으로 완성된 인간을 만들어내는 일을 최대 사명으로 여겼다. 다시 말해, 호문쿨루스는 이상적인 인간의 모습으로 탈바꿈하기 전의 골렘이라고 할 수 있다.

골렘은 왜 33년마다 되살아날까?

취재를 마치고 돌아오는 길에 신구 시나고그에 들렀다. 쥐 죽은 듯이 고요한 건물 뒤편으로 돌아가니 연한 크림색 외벽에 사다리가 걸쳐져 있고, 지붕 아래 다락방까지 이어져 있었다. 그 다락방에는 지금도 골렘이 잠들어 있고, 33년마다 되살아난다는 이야기가 전해진다.

이 전설을 뒷받침하는 듯한 소설도 있다. 구스타프 마이링크(Gustav Meyrink)의 『골렘』(1915)이다. 사족을 붙이자면, 이 소설에 골렘은 등장하지 않는다. 줄거리는 골렘이 나타난 지 33년이 되는 해에 주인공이 골렘 전설을 듣고, 그 남자 주위에서 차례차례 기묘한 사건이 벌어진다는 이야기다. 이 33년째라는 부분에서 골렘 전설을 참고했다고 추정할 수 있다.

골렘을 만든 로에프의 묘는 프라하의 구 유대인 묘지에 있다. 이끼가 무성한 비석이 쓰러지듯 서로 몸을 기대고 있는 쇠락한

로에프의 묘는 포도와 사자 장식으로 멋들어지게 꾸며져 옛 영광을 느낄 수 있다.

묘역에서 로에프의 묘는 포도와 사자 장식으로 멋들어지게 꾸며져 옛 영광을 느낄 수 있다. 묘 앞에는 돌멩이들이 쌓여 있다. 유대교에서는 꽃 대신 불변과 불멸의 상징으로 작은 조약돌을 두고 간다.

로에프는 지금도 유대인 사이에서 존경의 대상으로 구전되고 있다. 그렇다면 골렘 전승도 여전히 입에서 입으로 전해지고 있지 않을까?

참고문헌

『겐지이야기』, 무라사키 시키부 지음, 세토우치 자쿠초 & 김난주 옮김, 한길사, 2007.

『골렘』, 구스타프 마이링크 지음, 김재혁 옮김, 책세상, 2003.

『노래의 책』, 하인리히 하이네 지음, 김재혁 옮김, 문학과지성사, 2001.

『니콜라 테슬라의 지진 병기와 초능력 에너지(ニコラ・テスラの地震兵器と超能力エネルギー)』, 実藤 遠, たま出版, 1995.

『도설 프라하(図説 プラハ)』, 片野優・須貝 典子, 河出書房新社, 2011.

『드라큘라』, 브램 스토커 지음, 이세욱 옮김, 열린책들, 2009.

『라스푸틴 성자 혹은 죄인(Rasputin the Saint who Sinned)』, Brian Moynahan, Da Capo Pres, 1998.

『라스푸틴 암살 비록(La Fin de Raspoutine)』, Felix Yusupov, Librairie Plon, 1927.

『라스푸틴 파일(The Rasputin File)』, Edvard Radzinsky, Anchor, 2010.

『라스푸틴(Rasputin)』, Massimo Grillandi, Rusconi, 1979.

『루트비히 2세(Ludwig II)』, Martha Schad, München, 2000.

『바이에른의 루트비히 2세(Ludwig di Baviera)』, Jean des Cars, LEG Edizioni, 2022.

『뱀파이어의 매혹』, 장 마리니 지음, 김희진 옮김, 문학동네, 2012.

『살인자의 초상화(Portrait of a Killer)』, Patricia Cornwell, G. P. Putnam's Sons, 2017.

『성모 마리아의 메시지(聖母マリアからのメッセージ)』, 菊谷泰明, PHP研究所, 2009.

『세 번째 비밀』, 스티븐 베리 지음, 정영문 옮김, 밝은세상, 2005.
『악마학: 에드와 로렌의 기이한 경력(The Demonologist: The Extraordinary Career of Ed and Lorraine Warren)』, Gerald Brittle 외 2명, Graymalkin Media, 2013.
『악명의 레이디: 에르제베트 바토리 백작 부인의 진실(Infamous Lady: The True Story of Countess Erzsébet Báthory)』, Kimberly L. Craft, CreateSpace Independent Publishing Platform, 2009.
『알려지지 않은 천재 니콜라 테슬라(知られざる天才)』, 新戸雅章, 平凡社, 2015.
『에르제베트 바토리—피의 백작 부인(エリザベート・バートリー血の伯爵夫人)』, 桐生操, 新書館, 1982.
『이 집은 귀신 들렸다: 엔필드 폴터가이스트의 진짜 이야기(This House is Haunted: The True Story of the Enfield Poltergeist)』, Guy Lyon Playfair, White Crow Books, 2011.
『일본의 기적 성모 마리아상의 눈물—아키타의 메시지(日本の奇跡 聖母マリア像の涙—秋田のメッセージ)』, 安田貞治, エンデルレ書店, 2001.
『잭 더 나이프·100년의 고독(切り裂きジャック・百年の孤独)』, 島田荘司, 集英社, 1991.
『잭 더 리퍼라는 이름(Naming Jack the Ripper)』, Russell Edwards, Lyons Press, 2014.
『테슬라 자서전』, 니콜라 테슬라 지음, 진선미 옮김, 양문, 2019.

『톱니바퀴』, 아쿠타가와 류노스케 지음, 박현석 옮김, 현인, 2016.
『트란실바니아 흡혈귀 환상(トランシルヴァニア 吸血鬼幻想)』, 菊地秀行, 日本放送出版協会, 1996.
『파티마 제3의 비밀(ファティマ・第三の秘密)』, 五島勉, 祥伝社, 1981.
『폴터가이스트(Poltergeist!: A Study in Destructive Haunting)』, Colin Wilson, Caxton Pub Group, 2002.
『하이네 시집』, 하인리히 하이네 지음, 서석연 옮김, 범우사, 2016.
『화학적 결혼식: 1459년 크리스티안 로젠크로이츠(Chymische Hochzeit: Christiani Rosencreütz anno 1459)』, Johann Valentin Andreae, 1616.

2,5$
Rasputin
Tesla
The Dead Mother
and the Child
real estate market
THIS IS JUST
E BEGINNING
CITY
Jack the Ripper
ve real estate in large cities and the capital
MONDAY
125890 / 11
21
WSPAPER
PARTNERS:
loomy Sunday
DOPPELGÄNGE

2,5$
Tesla
The Dead Mother
and the Child
real estate market
THIS IS JUST
E BEGINN
CITY
MONDAY
WSPAPER
Jack the Ripper
ve real estate in large cities and the capital
The num
of jobs has fallen s
PARTNERS
Gloomy Sunday
DOPPELGÄNG